고객을 내 편으로 만드는 액션플랜

고객을 내 편으로 만드는 액션플랜

1판 1쇄 인쇄 | 2012년 08월 22일
1판 1쇄 발행 | 2012년 08월 28일

지은이 | 이내화
발행인 | 이용길
발행처 | MOABOOKS 모아북스

기획총괄 | 정윤상
관리 | 정 윤
디자인 | 이룸

출판등록번호 | 제 10-1857호
등록일자 | 1999. 11. 15
등록된 곳 | 경기도 고양시 일산구 백석동 1332-1 레이크하임 404호
대표 전화 | 0505-627-9784
팩스 | 031-902-5236
홈페이지 | http://www.moabooks.com
이메일 | moabooks@hanmail.net
ISBN | 978-89-97385-19-5   03320

고객을 내 편으로 만드는 액션플랜

이내화 지음

모아북스
MOABOOKS

| 들어가기 |

자신이 하는 일로 성공하는 사람은 어떤 자산을 갖고 있을까? 바로 '사람'이다. 이들은 자신이 하는 일에 있어 무엇보다 우선 순위로 정해놓는 것이 '사람'이다. 사람을 뜻하는 인간(人間)은 사람과 사람의 관계를 말한다. 그렇다면 살아가는 데 있어 사람이 왜 중요한 것일까?

자본주의 사회를 살아가는 현대인은 일, 즉 비즈니스를 하지 않고서는 생존할 수 없다. 그 비즈니스가 무엇인가는 중요하지 않다. 그런데 비즈니스를 한마디로 요약한다면 바로 물(H_2O)과 같다고 할 것이다.

이 이야기를 공식으로 만들어 표현하자면, 'Business= H_2O'가 된다. 이 공식을 풀어서 설명하면 다음과 같다.

"Business는 Human × Human × Organize이다."

즉 비즈니스란 사람과 사람을 연결해서 무엇인가 하는 작업이

라는 뜻이다. 따라서 비즈니스의 근본은 사람을 공부하는 것이
다. 결국 사람을 모르고서 비즈니스를 할 수는 없다는 이야기다.
사람이 물 없이 살 수 없듯이 비즈니스는 사람 없이는 이루어지
지 않는다.

사람과 사람 사이에는 사소한 것으로 '오해'가 생기고, 나아가
그것으로 인해 비즈니스가 '와해' 되는 경우도 허다하다. 그런데
성공하는 이들은 사소한 '우연'을 나름대로 '인연'으로 만들어
가고, 나아가 그 관계를 '필연'으로 만들어간다.

성공하려면 바로 비즈니스의 근간인 사람을 만나야 한다. 사람
을 만나지 못하면 성공할 수 없다. 그렇다면 비즈니스에서 사람
은 누구일까? 바로 고객이다.

이 책은 비즈니스에서 가장 소중한 자산인 고객에 대한 새로운
개념을 설정하고, 고객을 어떻게 하면 자신의 고정자산으로 만들

수 있는지에 대한 노하우를 소개한다.

성공자와 실패자의 차이는 어디에 있을까? 어느 분야든지 정상에 선 사람들은 남다른 노하우를 갖고 있다. 그 노하우란 바로 하나의 좋은 습관이다. 그들은 이 좋은 습관으로 세상을 자신의 무대로 만들어가는 이들이다.

이 책은 고객을 내 편으로 만드는 노하우를 알기 쉽게 소개한다. 이 책을 통해 고객을 자기편으로 만드는 진수를 당신의 것으로 만들어가기 바란다. 그렇게 되면 당신이 인생을 살면서 만나는 우연을 인연으로, 나아가 필연으로 만들어갈 수 있을 것이다.

成功在顧! 당신의 성공은 고객에 달려 있다. 당신에게 고객은 밥이고, 꿈이고, 미래이다.

이내화

| 차 례 |

1장

고객을 내 편으로 만드는
최고의 방법

1 _ 당신의 네트워크 지수는 얼마나 되는지 체크해 보자

우리의 자산 중엔 여러 가지가 있지만 가장 소중한 자산, 즉 행복 자산은 '인적 자산' 이라고 생각한다. 오늘 하루 시간을 내어 올 한 해 동안 받은 명함철을 꺼내보라.

아마 거기에는 수많은 이들의 전화번호와 이름들이 있을 것이다. 비록 의미 없는 만남이라 할지라도 지난 몇 개월간 만난 사람들과 한 번 이상의 커뮤니케이션이 얼마나 이루어졌는가를 생각해보자.

필자는 인생이란 일평생 자기 자신을 판매하는, '셀프 세일즈' 라는 정년 없는 직업이라고 생각한다. 어떻게 해서든지 연이 닿은 이들을 총 정리해 짚고 넘어가는 시간을 가졌으면 한다. 일종의 '팬 서비스' 같은 작업이다. 이는 휴먼 네트워킹을 공고히 하자는 이야기다. 당신의 네크워크 지수는 얼마나 될까?

다음 여러 문항을 읽고 자신의 생각에 가까운 항목을 선택한 뒤 자신이 선택한 항목에 해당하는 숫자를 모두 더하면 자신의 네트워크 지수가 된다.

1. 상대방이 나의 합리적인 의견을 받아들이지 않을 때

   1 상대방이 내 의견을 이해할 때까지 인내심을 갖고 설득한다.

   2 합리적인 의견을 받아들이지 못하는 사람과는 더 이야기할 필요가 없다.

   3 내 의견이 정말 합리적인지 다시 생각해본다.

   4 상대방에게 생각할 시간을 주고 다음 날 다시 이야기한다.

2. 술자리에 남성 팀원이 여성 팀원을 비하하는 농담을 했을 때

   1 농담이므로 넘어간다.

   2 조용히 혼자 불러내 꾸짖는다.

   3 다시는 그런 일이 없도록 모두 있는 자리에서 꾸중을 한다.

   4 그 부하 팀원의 약점을 비하하는 농담으로 되돌려준다.

3. 사장인 나를 제외한 모든 직원들이 곤경에 처한 회사를 청산하자고 한다면

   1 직원들을 내보내고 다른 직원을 뽑는다.

   2 회생할 수 있는 가능성이 있을 거라며 직원들을 설득한다.

   3 직원들의 의견에 따라 회사를 정리한다.

4. 자금난에 처한 친구가 연대보증을 부탁할 때

1 조건 없이 들어준다.

2 친구 간의 돈 거래는 단호하게 거절한다.

3 보증 대신 자신의 여유자금을 빌려준다.

5. 나는 1년에 몇 번 친구나 동료 집으로 초대를 받는가?

1 3번 이상

2 1~2번

3 없다

6. 나는 길을 가다 누가 질문을 하면

1 언제나 제자리에 멈추어 서서 대답해준다.

2 바쁘지 않을 때는 멈추어 서서 대답해준다.

3 계속 걸어가며 대답한다.

7. 나에게 은밀하고 난처한 문제를 상담하는 친구가 있는가?

1 예

2 아니오

8. 나는 사업상 친구나 동료를 다른 사람에게 소개하는 경우가 있는가?

1 자주 있다

2 가끔 있다

3 없다

9 . 나는 알면서도 모르는 척 겸손한 편인가?

1 예

2 아니오

10. 나에겐 친구나 동료와 함께하는 취미가 있는가?

1 예

2 아니오

11. 나는 손해를 무릅쓰고 남을 돕는가?

1 언제나 그렇다

2 가끔 그렇다

3 손해 보면서 남을 돕는 것은 바보짓이다.

12. 화가 나거나 울적할 때 언제라도 함께할 친구가 있는가?

1 예

2 아니오

13. 나는 유머에 자신이 있는가?

   1 예

   2 아니오

14. 친구 차를 타고 가는데, 갑자기 끼어든 차 때문에 친구가 화가
    났을 때

   1 어차피 사고는 안 나지 않았느냐며 친구를 진정시킨다.

   2 친구가 좋아하는 음악 테이프를 틀어준다.

   3 친구와 함께 상대 차에 욕을 퍼붓는다.

   4 상대 차에 급한 사정이 있었을 거라며 친구를 진정시킨다.

15. 영업사원인 당신이 한 달 동안 접촉한 고객에게 모두 거절을
    당했다면

   1 오늘 일은 잊고 내일은 운이 따를 거라고 생각한다.

   2 나의 영업 능력을 면밀히 검토해본다.

   3 다음 접촉 때는 다른 방식으로 접근해본다.

   4 내 적성에 맞는 다른 직종을 찾는 것이 낫겠다.

16. 거래처 사무실에서 상대와 타협하기 어려울 정도의 감정적인
    언쟁이 벌어졌다면

1 30분 정도 쉬었다가 다시 이야기한다.

2 언쟁을 멈추고 즉시 돌아간다.

3 상대에게 먼저 사과하고 상대에게도 사과할 것을 요구한다.

4 감정적인 논쟁을 멈추고 업무 이야기로 돌아가자고 제안한다.

17. 나는 다른 친구, 동료들 간의 마찰에 끼어드는가?

1 언제나 그렇다

2 가끔 그렇다

3 절대 끼어들지 않는다

18. 내가 속한 조직 내에는

1 나에게 동조하는 사람이 더 많다.

2 나에게 반대하는 사람과 동조하는 사람이 반반쯤 섞여 있다.

3 나에게 반대하는 사람이 더 많다.

4 동조하는 사람도 반대하는 사람도 없다.

19. 술자리에서 전에 들은 이야기를 다시 늘어놓는 친구, 동료에게

   어떻게 대처하는가?

1 화제를 돌린다.

2 끝까지 들어준다.

3 전에 들은 이야기라고 말해준다.

20. 나는 상대방에게 화가 났을 때마다 어떻게 대처하는가?

  1 절대 화를 내지 않는다.

  2 매번 화가 난 감정을 전달하지만 이성은 잃지 않는 편이다.

  3 자주 화를 내지는 않지만 가끔씩 이성을 잃고 폭발하는
    경우가 있다.

21. 나는 친구나 동료의 경조사에 참석하는가?

  1 결혼식과 장례식에 빠지지 않고 참여한다.

  2 결혼식은 몰라도 장례식엔 꼭 간다.

  3 친한 사람의 경조사엔 가끔 참여한다.

22. 전공, 경력과 무관한 새로운 일자리를 제안받았을 때

  1 새로운 일엔 망설이는 편이다.

  2 경험 없는 일은 무조건 거절한다.

  3 새로운 일은 무조건 흥미롭다.

23. 빠져나가기 불가능한 곤경에 처했을 때

  1 빨리 포기하고 운명을 받아들이는 게 낫다.

  2 하늘이 무너져도 솟아날 구멍은 있다.

진단 방법

각 항목의 합이 '32~38' 인 사람은 네트워크 지수
가 매우 높은 편이다. 이런 사람은 소위 마당발인 경
우가 많으며 자신의 휴먼 네트워크 내에서 허브 역할
을 하는 인물일 것이다. 네트워크 지수가 20 이하인
사람은 휴먼 네트워크 관리가 거의 안 되고 있는 경
우에 해당한다. 반성과 더불어 노력이 필요하다.

2 _ 성공하려면 인간관계를 복원해야 한다

우리나라 최초로 《웰레스트》라는 인생 후반전에 관한 책을 출간한 적이 있다. 필자의 열다섯 번째 책이다. 책을 내는 작가들은 그 책이 대박으로 이어지길 은근히 기대하면서 책을 쓴다. 그러자면 적극적인 마케팅이 필요하다. 책을 일반대중에게 알리는 데 가장 쉽고 효과가 빠른 것이 바로 미디어 매체인 건 당연하다.

그래서 필자는 나름 작정을 하고 그동안 인간관계를 맺어온 언론사 기자들의 명단을 작성해서 하나둘씩 안부인사 겸 전화를 했다. 그런데 필자가 반갑게 안부인사를 건넸지만 상대편에서 오는 반응은 아주 싸늘한 것을 느끼지 않을 수 없었다.

왜 인간관계의 회복이 필요한가?

왜 이런 현상이 일어나는 것일까? 그 이유는 모든 것이 필자에게 있었다. 그 기자들에게 한 4년 만에 전화를 한 것이다. 물론 이들과 수년간 쌓아온 인정이라는 것만 믿고 무작정 전화를 걸어서 시쳇말로 청탁을 한 셈이다. 이게 가장 큰 실수였다. 사람과 사람 사이에는 작은 다리가 있는데 그 다리가 이미 망가졌던 것이다. 도대체 그 다리의 이름은 무엇일까? 바로 '신뢰'라는 다리다. 사람과 사람을 이어주는, 즉 관계를 맺는 이 다리는 철골 구조가 아닌 목조 구조라서 수시로 보수 유지를 하지 않으면 언젠가는 무너지거나 망가져버린다.

필자는 이런 생각이 들었다. 인생 만사 다 사람이구나. 모든 것은 바로 사람이 하고, 사람이 풀어가고, 사람이 해준다는 것이다. 이런저런 고민 끝에 앞으로는 이런 실수를 반복하지 않아야겠다는 다짐을 하고 그동안 무너지거나 망가졌던 관계의 다리, 즉 '신뢰'를 복원하는 작업을 하기 시작하여 지금껏 꾸준히 이어오고 있다.

필자는 이 도서의 집필을 구상했는데, 바로 '휴먼류션'이다. '휴먼류션'이란 무엇일까? 이는 영어로 사람을 뜻하는 'Human'과 해결책을 뜻하는 'Solution'을 합성한 것으로 "사람이 답이다"라는 뜻을 함축하고 있다. 이름 하여 성공 인생을 부르는 인맥 복원 작업인 셈이다. 필자가 이런 화두를 던지면 아마 이 글은 읽는 독자들도 무릎을 치며 '바로 내 이야기네!' 할 것이다. 그렇다면 보통 사람들은 인맥에 대해 어떤 생각을 가질까?

통(通)할 줄 모르는 사람은 비극이다

우리가 주변에서 흔히 듣는 신세한탄 중에 이런 푸념이 있다.

"에이, 나는 돈도 없고 빽도 없다."

가진 재산도 변변찮은 데다 힘깨나 쓰는 인맥조차 없다는 뜻이다. 엎친 데 덮친 격으로 최악의 상황에 처한 사람들을 묘사하기엔 이 이상 딱 떨어지는 말은 없을 것이다.

그런데 사실상 이 말은 한마디로 "돈 없다"고 하거나 아니면 딱 잘라 "빽 없다"는 한마디로도 충분하다. 왜냐하면 자본주의 사회에서는 돈 있는 사람 중에 '빽' 없는 사람이 없고 '빽' 있는 사람에겐 자연스레 돈이 따르기 때문이다. 더군다나 사회가 정보화될수록 돈의 유통 라인과 정보의 유통 라인은 점점 더 일치하는 경향을 보이게 된다. 정보의 유통 라인이란 바로 휴먼 네트워크, 즉 인맥이기 때문이다. 자본주의 사회에서 가난이 치명적인 까닭은 다른 무엇보다도 자신의 휴먼 네트워크를 협소하게 고립시키거나 심지어 차단하기 때문이다.

사람 치매라는 게 있다. 세상과의 관계, 즉 '통(通)'을 할 줄 모르는 것을 말한다. 행복에 있어 보이지 않는 사각지대가 있다면 '사람과의 관계'를 말한다. 인간은 사회적 동물이라 혼자서 북치고 장구 치고 할 수 없는 노릇이다. 결국 가장 불행한 이는 어느 누구와도 소통을 할 줄 모르는 불통 인간이다. 이런 사람들은 남보다는 나를 챙기기 때문에 나눌 줄도 모르고 받을 줄도 모른다. 이렇다 보니 세상이 돌아가는 것을 모르고 세상과 소통을 못하는 치매가 자리를 한다.

21세기를 공감의 시대라고 한다. 공감이란 감정을 함께하는 것을 말한다. 그래서 혼자가 아니라 함께해야 한다. 이 병은 나이가 들수록 더욱더 심해지는 경향을 보인다. 물론 자신은 이 병에 걸린 줄을 까맣게 모른다.

좋은 고객을 만들지 못하는 다섯 가지 이유는 무엇인가

' 나에게는 왜 좋은 고객이 없을까? ' '인맥을 형성하기 위해 꾸준히 노력하는데 왜 그들이 나에게 좋은 고객이 되어주지 않을까? '하는 고민에 싸여 있는 이들이 있다. 이럴 때는 자신의 신념이나 사람을 만나는 태도, 그리고 나의 전반적인 성향 등을 돌아보아야 한다. 좋은 고객은 저절로 형성되는 것이 아니다.

다음은 좋은 고객을 만들지 못하게 만드는 다섯 가지 요소이다. 하나씩 살펴보고 자신이 어느 부분에 부족한지 생각해보도록 하자.

1. 타인을 대하는 올바르지 못한 태도

당신은 고객을 어떤 존재로 바라보고 있는가? 나와 마찬가지로 소중한 인간이라고 생각하는가, 혹은 나에게 이익을 주는 존재 정도로 생각하는가? 타인을 대하는 나의 태도는 인간관계의 기본이 된다. 존경과 사랑의 마음을 바탕에 깔고 있을 때 상대는 자존감을 갖게 되고 당신에 대한 신뢰를 느끼게 된다. 고객을 이용 가치로만 바라보면 고객들은 점점 당신 곁을 떠날 것이다. 도움을 받고 싶다면 먼저 도움을 주는 상대가 되어야 한다.

2. 만남의 부족

한 사람의 고객을 만들기 위해서는 몇 명의 사람을 만나야 할까? 그리고 각각 몇 번의 만남을 이어가야 할까? 한 사람의 친밀한 관계를 만들기 위해서는 70명의 사람을 만나야 한다는 말이 있다. 70명을 만나면 그 중 5명은 '아는 사이'가 되고, 그 중 1명이 '친밀한 사이'가 된다고 한다. 좋은 고객을 만들기 위해서는 우선 만남이 많아야 한다. 내가 한 번 만나는 모든 사람을 충실한 고객으로 만들겠다는 것은 욕심이다.

많은 사람을 만나다 보면 그중에서 내가 적극적인 관계를 맺을 수 있고 구체적인 도움을 줄 수 있는 소수의 사람을 발견하게 된다. 그런 유사성을 발견한 후에는 그를 한 명의 고객으로 만들기 위해 더욱 친밀한 만남을 이어가야 한다.

3. 인간관계 기술의 부족

인간관계 기술에는 언어적인 기술과 비언어적인 기술이 있다.

언어적 기술

- 먼저 다가가기 : 낯선 사람을 처음 만났을 때 자연스럽게 말을 건넨다.
- 자기소개하기 : 공감대 형성을 위해 자신을 적절히 드러낸다.
- 대화 나누기 : 경청하기, 질문하기, 공감하기, 반영하기 등으로 대화를 이끌어나간다.
- 강화 주기 : 상대와의 관계를 강화시킬 수 있는 표현기술을 이용한다.
- 부탁하기 : 상대에게 도움을 요청한다.
- 거절하기 : 상대의 부탁을 적절하게 거절한다.
- 유머 활용하기 : 유머를 사용해 대화를 부드럽게 이어간다.
- 감정 표현하기 : 대화 중에 자신의 긍정적인 감정과 부정적인 감정을 적절히 표현한다.

비언어적 기술

- 인사 : 45°로 고개를 숙이는 정중례, 목을 가볍게 숙이는 목례, 악수, 명함 교환 등의 인사를 한다.
- 얼굴표정 : 잔잔한 미소를 머금은 표정과 대화 상황에 어울리는 표정을 짓는다.
- 아이컨택(eye contact) : 경청과 공감의 표현으로 상대와 적절히

눈을 마주친다.

- 바디랭귀지 : 대화 중에 적절한 손동작과 몸동작을 취한다.
- 공간 활용 : 이야기하기 적당한 장소를 택하고, 상대가
  편안함을 느낄 수 있는 거리를 유지한다.
- 신체접촉 : 어깨 두드리기, 팔짱, 포옹 등으로 상대와의 심리적
  거리가 가까움을 표현한다.
- 호의 제공 : 선물, 도움 등으로 호의적 행동을 한다.

이러한 기술은 우리가 성장하면서 자연스럽게 터득하는 것들이다. 가정이나 사회에서 풍부한 인간관계를 맺어온 사람은 보다 세련된 대인기술을 습득했을 것이다. 그러나 다소 보수적인 우리 사회에서 이러한 표현 기술에 서툰 이들도 적지 않다. 자신이 사람을 대할 때 조금 딱딱한 편이라고 생각된다면, 지금부터라도 거울을 보고 연습해보자.

이러한 기술이 몸에 익어 자연스럽게 표현될 수 있다면 당신에 대한 사람들의 호감 지수는 상승할 것이다.

4. 대인행동성향의 부적절함 파악하기

사람은 타고난 성향이나 사회화 과정으로 일정한 대인행동성향을 갖게 된다. 그 성향이 대인관계에 커다란 영향을 미친다. 나

는 기본적으로 어떤 성향을 가지고 타인을 대하는지 파악해보
자. 대인행동성향에는 다음의 여덟 가지 유형이 있다.

Love - Hate : 당신은 타인을 대할 때 우호적인 태도를 취하는
가, 적대적인 태도를 취하는가? 기본적으로 우호적인 태도인 사
람은 인간관계를 맺는 것이 수월하다.

Open - Close : 당신은 사람을 대할 때 열린 태도를 취하는가,
닫힌 태도를 취하는가? 이는 다른 말로 '개방성'과 '폐쇄성'이
라고도 할 수 있다. 자신과 다른 사고방식을 가진 사람에게도 개
방적인 태도를 취할 수 있는 사람은 타인을 쉽게 적으로 만들지
않는다.

Pacing - Dragging : 'Pacing'은 '보조 맞추기', 'Dragging'은
'끌고 가기'이다. 이는 타인과의 융화 정도를 나타내는 말이다.
무조건 자신의 생각대로 끌고 가는 것보다는 타인과 협력하며 보
조를 맞추어 가는 것이 좋은 태도라고 할 수 있다.

Give - Take : 이는 타인을 대할 때 어느 정도의 배려심을 갖는
가의 문제다. 당신은 먼저 베푸는 사람인가, 상대를 나의 이익에

이용하는 데 급급한 사람인가? 자신의 이익을 추구하는 성향이 강한 이들은 주위 사람을 떠나보내게 만든다.

5. 자기성장의 부족 파악하기

자신이 언제나 제자리에서 맴돌고 있지는 않은지 돌아보라. 좋은 고객을 만들려면 나부터 좋은 사람이 될 필요가 있다. 그래야 훌륭한 인맥이 생기고 좋은 고객으로 발전시킬 수 있다. 훌륭한 인격과 풍부한 지식을 갖춘 사람과는 함께 있는 것 자체가 즐거운 법이다. 그런 사람에게 고객은 마음을 열고 의지한다. 발전이 없는 사람은 자기도 모르는 사이에 좋은 고객들을 놓치게 된다. 언제나 똑같은 화제밖에 이야기할 줄 모르는 사람, 현재의 사회 이슈에 대해 귀를 닫고 사는 사람과 함께하려는 고객은 없다. 인간은 끼리끼리 모이게 되어 있다. 내가 고객들에게 지적인 도움을 주는 사람인지 생각해보아야 한다.

돈으로는 살 수 없는 것이 사람의 마음이다

영업에서 잔뼈가 굵은 한 경영자의 조언이다.

"영업에서 성공하려면 눈앞에 보이는 이익이나 사업에 연연하지 말고 고객과의 신뢰 관계를 쌓는 데 주력해야 합니다."

신뢰가 그토록 중요한 이유는 무엇일까? 가령 조직 내에서 신뢰도가 높으면 협력, 팀플레이, 파트너십 등 모든 행동역량을 높일 수 있고 많은 사람을 참여시킬 수 있으며 만족도를 높일 수 있기 때문이다.

스티븐 코비의 《신뢰의 속도》라는 책에는 다음과 같은 이야기가 나온다. 뉴욕 시에서 커피점을 운영하는 사람이 있었다. 그는 어느 날 우연히 아침과 점심시간에 손님들이 몰려 많은 고객이 줄을 서서 기다리다가 짜증을 내며 이내 다른 가게로 발길을 돌리는 것을 목격했다. 그 이유는 거스름돈을 내주는 데 시간이 많이 걸렸기 때문이었다. 이런저런 고민 끝에 그는 결단을 내렸다. 계산대에 지폐와 동전이 가득한 바구니를 갖다놓고 고객이 알아서 가져가도록 한 것이다.

그러자 놀라운 일이 벌어졌다. 새로운 고객을 평소보다 200퍼센트나 더 빨리 맞을 수 있었다. 물론 고객들이 실수나 고의로 돈을 더 가져갈지 모른다는 걱정도 있었지만 그것은 기우에 불과했다. 고객들은 오히려 정직하게 계산을 해 갔고 더러는 팁을 남기기도 했다. 고객들은 자신들이 신뢰를 받고 있다는 것 하나에 그 가게를 더 찾게 된 것이다.

김밥 체인을 운영하는 K사의 사장은 고질적인 문제를 안고 있었다. 종업원 아주머니들의 이직이 너무 심하다는 것이었다. 원인을 분석해보니 직원들이 진정으로 원하는 건 돈이 아니라는 것을 알게 됐다. 사장은 고민 끝에 간단한 조치를 취했다. 1년 근속자에게는 연말에 부부 동반 만찬회를 열어주고, 3년 이상 근속자에게는 부부 동반 해외여행권을 선물했다. 소문을 듣고 입사 대기자들이 줄을 섰고 이직하려던 사람들도 마음을 바꾸었다. K사는 연 100억 원 이상의 매출을 올리는 요식 전문회사로 성장하게 되었다.

이것이 바로 인간관계의 '두 배의 법칙'이다. 하나를 받으려면 먼저 두 개를 줘야 하고, 두 개를 받으려면 네 개를 줘야 한다. 고객에게 감동을 안겨주기 위해서는 먼저 두 배로 베푼다는 결심을 해야 한다. 공평하지 못하다고 불평할 필요는 없다. 결국 나에게로 온 고객은 열 배의 가치를 돌려줄 것이기 때문이다.

고객관리는 369법칙으로

돈으로 살 수 없는 것이 사람의 마음이다. 고객은 꾸준하지 않은 사람에게 냉정하다. 369법칙을 시도해보자. 고객은 3번 만나야 나를 잊지 않고, 6번 만나야 마음 문을 열며, 9번 만나야 친숙한 사이가 된다는 것이다.

지금이라도 늦지 않았다. 고객과의 관계 다리, 즉 트러스트교를 복원하라! 이 다리를 복원하는 데 돈이든, 열정이든 무엇이든 아끼지 마라! 돈과 열정을 아껴가면서 복원할 수 있는 트러스트 교는 없다. 망가진 다리를 복원하기 위해서는 손품도 발품도 팔아야 한다. 이 세상에 공짜는 없다.

3 _ 세상은 거미의 시대로 가고 있다

1967년 하버드 대학교 스탠리 밀 그램 교수는 무작위로 선택한 미국 시민 160명에게 다음과 같은 내용의 편지를 쓰게 했다.

"이 편지를 매사추세츠 주에 사는 A라는 사람에게 전달해주세요."

6단계 법칙의 실행

실험 대상이 된 160명은 생면부지(生面不知)의 사람인 A에게 편지를 전달하기 위해 A가 살고 있다는 매사추세츠 주에 거주한 경험이 있든지, 아니면 그곳에 친지가 있든지, 그도 아니면 어떤 가느다란 실마리로라도 매사추세츠 주와 관련이 있는 지인에게 편지를 보냈다. 160통의 편지는 손에 손을 거쳐 매사추세츠에 사는 A를 향했다.

그 결과는 매우 놀라웠다. 무려 42통의 편지가 A에게 전달된 것이다. 전달된 편지가 사람 손을 거친 횟수도 평균 5.5명에 불과했다. 즉 미국인들은 6명만 거치면 자국 내 누구와도 연결될 수 있다는 결과가 나온 것이다. 그래서 "세상 참 좁다"는 말이 나왔는지도 모른다.

생전 처음 소개받은 사람이 알고 보니 자신의 친구와도 가까운 사이라는 사실을 알게 되는 경우가 있다. 사람들이 세상 참 좁다며 놀라워하는 까닭은 그런 우연이 우리나라 인구 5천만 명 중에서 매우 특별한 1명을 우연히 만날 확률만큼이나 희박한 경우라고 생각하기 때문이다. 그런데 정말 그럴까?

흔히 '노동판'이나 '연예계'라고 일컫듯 어떤 '판'이라거나 '계'라는 말을 들어보았을 것이다. 사람이 고등학교나 대학교를 마치고 사회생활을 시작하게 되면 어떤 '판'이나 '계'에 몸을 담게 되고 또한 자기 전공이나 특기를 살릴 수 있는 '판'이나 '계'를 평생 떠나지 못하는 경우가 대부분이다. 나이를 제법 먹어서도 서로 연락이 가능한 친구들은 고교 동창이든 대학 동창이든 사회 친구든 대개 같은 '판'이나 '계'에 몸을 담고 있는 친구가 대부분이고, 뒤집어 말해서 같은 '판'이나 '계'에 몸을 담고 있어야 친분이 오래 유지될 수 있음을 우리는 경험한다. 그리고 같은 판에 몸담은 경우엔 설령 연락이 끊어지더라도 또 다른 친구를 거치면 어렵잖게 서로의 연락처를 알아낼 수 있다.

우리나라에 일정 규모(시장규모 100억 이상)를 갖추어 한 업계로 분류될 만한 '계'가 약 1000여 개에 이른다고 한다. 그리고 그계에 처음 뛰어든 사업자(또는 영업사원)가 업계의 역학관계와

각 사업체의 주요 인물을 훤하게 꿰뚫는 데 필요한 기간은 평균 10년이라고 한다. 물론 10년이면 그 자신도 이미 업계 모든 사람들이 아는 주요 인물 중의 하나가 되어 있으므로 '세상 좁다'는 우연이 그 사람에게는 결코 우연이 아닌 것이다.

이젠 단계를 줄여야 한다

" 나도 6명만 거치면 대통령도 만날 수 있으니까……"라고 태평스럽게 낙관하자는 얘긴 아니다. 요점은 당신에게 쉬운 일은 다른 모든 사람들에게도 어렵지 않으며 여섯 사람씩이나 거쳐 대통령을 만나는 일은 차라리 일도 아니라는 것이다.

문제는 당신에게 필요한 목표 인물의 휴먼 네트워크에 접속하기까지의 중간 단계를 얼마나 줄이는가이다. 3명만 거쳐 만날 것인가, 아니면 6명을 다 써먹고 만날 것인가? 당연히 절친한 친구를 거쳐 목표 인물에게 직접 접속하는 경우가 가장 바람직할 것이다.

그러나 그런 경우는 흔치 않으므로 가급적 단계를 줄이는 쪽으로 방향을 잡아야 한다. 심리학자들은, 어떤 목표 인물에게 접근하기까지 소개를 받는 단계(사람)가 늘어날수록 관심도는 떨어진다고 말한다.

당신이 A라는 인물과 만나기 위해 n명의 사람을 거쳤을 때 A가 당신에게 갖는 관심도는_남녀간의 느닷없는 호감이나 외모에 대한 선입견 등 (예측 불가능한) 인간적 변수를 제외한다면_$1/2^n$에 비례한다고 한다. 예를 들어 1명의 소개를 거쳤을 때(1/2)가 3명의 소개를 거친 경우(1/8)보다 4배나 많은 관심을 끄는 것이 인간의 심리, 즉 인지상정이란 뜻이다.

그렇다면 그 단계를 어떻게 줄일 것인가? 당신이 필요로 하는 인물을 향해 휴먼 네트워크를 확장할 때는 가급적 그 인물이 속한 '판'이나 '계'에서 출발점을 잡는 것이 가장 바람직하다. 같은 판이나 계에 소속된 사람끼리는, 서로 생면부지의 사람들끼리도 우리가 생각하는 것 이상으로 쉽게 연결될 가능성이 있기 때문이다.

이를테면 연예계의 어떤 인물과 접속하고 싶을 땐 가급적 연예계 내에서 출발점을 선택하라는 뜻이다. 목표 인물과 가깝지만 연예계가 아닌 일에 종사하는 사람보다는 비록 목표 인물과 거리가 더 있을지언정 연예계에 종사하는 사람을 거치는 방식이 효과적인 경우가 더 많다.

사람들의 거리는 더욱 좁아지고 있다

그렇다면 6단계의 법칙은 정말로 우리 실생활에서도 가능한 것인가? 답은 물론 '그렇다' 이다. 이 사실을 증명하기 위해 재미있는 실험을 소개한다. '서 말이라도 꿰어야 보배' 라고 하는 구슬을 생각해보자. 마룻바닥에 제멋대로 널려 있는 100개의 구슬을 하나의 실로 두 개씩 꿰어나가는 작업을 한다. 100개의 구슬끼리 모두 한 덩어리가 되도록 꿰려면 최소한 99가닥의 실이 필요하다 (구슬을 일렬로 세워두고 그 사이를 실로 꿰면 된다). 그러나 우리는 제멋대로 널려 있는 구슬을 무작위로 꿰어볼 것이다. 실이 50가닥이 되기 전까지 커다란 덩어리로 꿰어진 구슬 뭉치는 나타나지 않는다.

그런데 실이 구슬 개수의 1/2, 즉 50개 가까이 되는 순간 갑자기 커다란 덩어리가 나타나는데 이 덩어리에 포함된 구슬의 개수는 '꿰었다 풀었다' 를 무작위로 반복하더라도 언제나 약 80개가 된다. 이러한 급변이 일어나기 직전까지 가장 큰 구슬 덩어리는 많아야 10개를 넘지 않는다. 마술이 벌어진 것일까? 그렇기도 하고 그렇지 않기도 하다. 통계적으로 이런 현상은 구슬의 수와 무관하며 이러한 전이는 언제나 실이 구슬의 1/2인 지점에서 이루어지고 또한 하나의 구슬에서 임의의 다른 구슬로 연결되는 실의 개수는 어떤 경우라도 합이 6개를 넘지 않는다.

아마도 앞에 소개한 '6단계의 법칙'은 교통이 발달하지 못한 근대 이전에는 불가능한 발상이었을 것이다. 그런데 산업화가 급진전되면서 도시와 도시를 그리고 나라와 나라를 잇는 교통망이 발전하면서, 다시 말해 실의 개수가 구슬의 1/2이 된 어느 순간에 전 세계 대부분의 도시가 하나의 덩어리로 묶여진 어느 날, '6단계의 법칙'은 느닷없이 현실이 되었을 것이다. 아무튼 6단계도 너무 많은 과정처럼 느껴진다.

이젠 다양한 분야의 네트워크를 형성해야 한다

필자가 귀에 못이 박힐 정도로 휴먼 네트워크 내부의 다양성을 강조하는 까닭도 거미줄 구조의 중요성 때문이다. 앞서 말한 대로 휴먼 네트워크의 확장에 있어 가장 중요하고도 어려운 부분이 '자신의 계'를 넘어 '다른 계'에 접속할 때다. 머리가 굵은 사회인들끼리는 (직장)동료는 많아도 새로운 친구를 사귀기란 여간 어렵지 않다.

그래서 자신의 휴먼 네트워크가 다양한 계를 아우르도록 만드는 방법은 사실상 두 가지뿐이다. 하나는 학생 시절에 앞으로 사회 다방면으로 진출할 다른 학생들과 (자기 학교나 전공 학과에

국한되지 않은) 넓고 지속적인 교분을 쌓기 위해 노력하는 것이고, 다른 하나는 사회에 나온 뒤에 각종 동호회나 클럽 또는 지역·종교 단체에 부지런히 들락거리는 것뿐이다. 물론 전자가 훨씬 경제적이고 쉽다.

그리고 사업을 해본 경험이 있는 사람은 익히 알겠지만 구멍가게만한 회사 하나가 자리 잡는 과정에 얼마나 많은 그리고 얼마나 다양한 도움과 조언이 필요한지 사업해보지 않은 사람은 상상조차 어려울 것이다.

그리고 이미 체계가 꽉 잡힌 대기업이나 공무원 사회에서 정년퇴임 때까지 일한 사람 또한 그런 어려움에 대해 알지 못하고 은퇴하는 경우가 대부분이다. '사람들'이 아닌 '일'과 평생 씨름한 직장인들, 이를테면 대기업 관리직 임직원, 교사, 군인 등으로 정년퇴임한 사람들이 섣불리 사업에 나섰다간 대개 어처구니없이 퇴직금을 몽땅 날리는 걸 자주 보게 된다.

정년퇴임한 사람이라고 하면 흔히 우리는 '산전수전 다 겪은 베테랑이다'라고 생각하기 쉽지만 사실 그들은 자신이 평생토록 매달린 업무와 관련된 분야에서 베테랑일 뿐이며 사회에서 '홀로 서는 것'에 관한 한 그들은 신입사원과 크게 다르지 않다. 또한 그들은 대기업 특정 부서나 학교, 군대 등으로 제한된 매우 편협한 휴먼 네트워크를 가지고 있다.

좋은 고객을 만나기 위한 3가지 플랜

분명한 건 지금은 열심히 일하는 '개미의 세상'이 아니라 상하좌우로 얽힌 '거미의 세상'이라는 것이다. 당신이 거미로 변신하려면 맥을 잡을 줄 알아야 한다. 그 맥은 부지런히 씨줄과 날줄을 엮는 데 달려 있다. 그래야 당신의 인맥이 살아나 활성화(活性化)되기 때문이다. 좋은 고객을 만나기 위해서는 다음의 세 가지 플랜을 명심하라.

1. 튼튼한 거미줄을 짜라

고객은 가만히 있는 사람에게 굴러들어오지 않는다. 거미는 날아가는 벌레를 잡기 위해 자기 몸 속에서 실을 자아내 튼튼한 거미줄을 짜놓는다. 세상의 많은 사람들을 자신의 고객으로 만들기 위해서는 이러한 인맥의 그물을 만드는 노력이 필요하다.

2. 세상에 만나지 못할 고객은 없다

여섯 사람만 거치면 세상의 누구라도 만날 수 있다고 했다. 소극적인 생각은 버려라. 세상에 만날 수 없는 고객은 없다. 미국의 보험 세일즈 왕 폴 마이어는 자신을 만나길 거부하는 한 고객에게 "저는 매일 하나님을 만납니다. 그런데 왜 사장님은 만날 수 없는 건가요? 사장님이 하나님보다 높다는 말씀인가요?" 라고 적은 편지를 보냈다. 그 편지를 받고 마음이 움직인 고객은 폴 마이어를 직접 만나 계약을 체결했다고 한다. 그의 말처럼 우리는 신도 만나는데 사람을 만나지 못할 이유가 무엇이 있겠는가?

3. 포기하지 말고 찾아라

폴 마이어는 "인생에서 실패한 사람의 90퍼센트는 진짜로 패배한 것이 아니라, 다만 중도에 그만두었을 뿐이다" 라고 말했다. 이는 비즈니스를 하는 사람이 마음에 꼭 새겨두어야 할 말이다. 어떤 고객을 만나더라도 겁먹지 말고 끝까지 찾아가라. 두드리는 자에게 열리게 되어 있다. 포기하지 않는 긍정적인 사람에게 고객은 마음을 연다.

4 _ 비즈니스는 물이다

필자는 비즈니스를 한마디로 요약해달라고 하면 이렇게 답을 하곤 한다.

"비즈니스란 바로 물입니다."

이 말을 하나의 공식으로 표현하자면 다음과 같다.

$$Business = Human \times Human \times Organize$$

이것을 풀어 설명하면, 비즈니스란 사람과 사람을 연결하거나 구성해서 무엇인가 하는 작업이라는 것이다. 이는 비즈니스의 시작은 바로 사람이라는 뜻이다. 필자는 이것을 '업(業)의 공식'이라고 한다.

'業 = 사람×사람'이다. 즉 '業 =人×人'이다. 이 공식에서 중요한 것은 연산기호인데, 더하기가 아니라 곱하기다. 그러니까 좋은 사람을 만나면 업이 'Up'하지만 나쁜 사람을 만나면, 즉 사람을 못 만나면 업이 'Down'된다는 것이다.

결국 어떤 사업이나 비즈니스를 할 때 사람을 모르고서는 할 수 없다는 이야기다. 사람이 물 없이 살 수 없듯이 사업은 사람

없이는 할 수 없다.

좋은 고객을 만들고 싶다면 세 가지를 바꿔라

고객을 '곱하기' 하여 비즈니스를 ' Up' 시키기 위해서는 어떻게 해야 할까? 이제부터 그 구체적인 행동들을 살펴보자.

우선 필요한 것은 정신무장이다. 고객을 만들고 싶다는 막연한 바람은 그저 바람에 그칠 뿐이다. 고객이란 어떤 존재이고, 어떻게 접근해야 하는지에 대한 구체적인 지침을 세워두어야 한다.

1. 고객 형성은 확률 게임이라는 것을 잊지 말라

우선은 많이 만나야 한다. 그래야 고객을 만들 확률이 높아진다. 소수의 사람을 만나 충실한 고객을 만들겠다는 소극적인 생각부터 바꿔야 한다.

2. 고객 형성은 인삼 농사와 같은 것임을 알아야 한다

인간관계는 처음 만나 서로 알아가고, 친분을 쌓아가며, 서로를 신뢰하기까지 오랜 시간이 걸린다. 단시간에 승부를 볼 생각은 금물이다. 농사를 지으려면 몇 년간 비옥한 토지를 가꿔야 하고, 좋은 씨를 심어야 하며, 꾸준히 벌레를 잡아주고 물을 대주어야 한다. 그래야 풍성한 수확으로 돌아오는 것이다. 고객 또한 인삼 농사와 같이 5~6년 정도의 장기간 노력이 필요하다.

3. 거울은 혼자 웃지 않는다는 말을 명심하라

고객이 먼저 다가올 것을 기대해서는 안 된다. 고객은 거울이다. 내가 먼저 배려하고, 감동을 주고, 웃게 만들어야 한다. 이렇게 생각을 바꾸고 정신을 무장한 다음에는 실천이다. 구체적인 실천 사항은 다음과 같다.

고객 만들기 실천 강령

1. 목표를 분명히 하라 : 어느 시점까지 몇 명의 고객을 만들 것인지 목표를 세워야 한다.

2. 자신을 매력 있게 가꿔라 : 사람들을 만났을 때 호감을 줄 수 있는 자신만의 매력 포인트를 만들어야 한다.

3. 밖으로 나가라 : 고객을 만날 수 있는 모든 곳을 찾아가야 한다. 적극적으로 추천을 받고 소개를 받아라. 교육이나 강연이 있다면 참석하고, 인터넷 커뮤니티나 소모임도 활용해야 한다.

4. 지속적으로 접촉하라 : 만남을 가진 사람을 내 고객으로 만들기 위해서는 꾸준한 인간관계를 맺어야 한다. 정기적으로 전화연락을 하고, 직접 대면하는 자리를 갖기 위해 노력해야 한다.

5. 진심으로 배려하라 : 고객을 내 편으로 만들기 위해서는 내가 먼저 배려하고 고객의 편이 되어주어야 한다. 진심으로 배려하는 마음만이 고객에게 감동을 줄 수 있다.

거목을 쓰러뜨린 딱정벌레 이야기와 윤복현의 교훈

미국의 로키 산맥에 있는 400년 된 거목이 어느 날 쓰러졌다. 이 나무는 400년 동안 14번이나 되는 천둥, 벼락을 맞고도 꿈쩍하지 않았고 태풍에도 끄떡없었다. 그런 거목이 쓰러진 이유는 작은 딱정벌레들의 공격 때문이었다. 눈에 잘 띄지도 않고 대수롭지 않게 여겼던 딱정벌레들이 외피를 뚫고 침입해 들어와 그 거대한 생명력을 앗아간 것이다.

이처럼 당신이 대수롭지 않게 생각하는 사소한 것들이 행복한 인생에 있어 음식 같고 보약 같은 '신뢰'를 앗아갈 수 있다.

다음은 '미친 인맥' 하나로 연봉 4억을 달성한 윤선달 씨에 대한 글이다.

"어떤 모임에 갔더니 핸드폰에 몇 명의 연락처가 저장돼 있냐고 묻더군요. 사실 한 번도 세어본 적 없는 데다 핸드폰을 바꾼 뒤라 걱정했죠. 그 자리서 누가 많나 내기를 했는데 다행히 제가 가장 많더군요."

윤선달(51, 본명 윤복현) 삼성와이즈 대표는 4600명에 달하는 사람들과 소통하는 인맥 관리의 달인이다. 사람 만날 시간이 부족해 25년간 다니던 삼성화재를 그만뒀을 정도다. 그는 "돈 한두 푼 더 아끼는 것이나 잠 한두 시간 더 자는 것보다 중요한 것이 사람과의 만남"이라며 "상대가 무얼 좋아하고 필요로 할지 고민하고 베풀면서 살다 보면 인맥은 자연스럽게 확대된다"고 말했다.

그는 이를 '인맥 알까기'라고 했다. 한 사람이 나를 믿게 되면 그 사람이 다른 사람을 또 소개해주는 이른바 '알까기'가 된다는 것. 윤 대표의 이런 광범위한 인맥은 천성적으로 타고난 것도 있지만 끊임없는 노력의 결과이기도 하다. 그는 재경칠곡향우회 사무국장을 비롯해 대구상고 총동창회 사무간사, 세계미래포럼 경영CEO과정 사무총장 등 10여 개에 달하는 모임의 주요직을 맡고 있다. 모임 간사 경력도 짧은 것은 5년, 긴 것은 22년이나 된다.

모임에 바빠 일은 언제 하나 싶어 물었더니 업무 욕심도 상당했다. 그는 인맥 아웃소싱 회사인 '행복한하루'를 비롯해 삼성와이즈주식회사, 삼성증권 고문, 서울보증보험 대리점, 한샘오피스 가구 대리점, 세콤시스템서비스, 임진한골프 고문 등 9개가 넘는 회사를 꾸려가고 있었다. 특이한 건 직원이 한 명도 없다는 것. 서울시 중구에 위치한 삼성와이즈 사무실에도 윤 대표의 책상 하나만 있다. 그는 "사무실 임대료나 직원 월급 등 고정비용을 줄이고 기본적인 벌이만 하고 내가 좋아하는 일인 사람들을 만나다 보니 자연스럽게 매출이 늘고 영업도 잘되고 있다"고 말했다. 그렇다고 지인들에게 보험 등 상품을 강요하진 않는다. 지인들이 먼저 윤 대표에게 필요한 상품이 있냐고 요청하면 그때서야 그 사람에게 필요한 자료를 준비한다.

윤 대표는 대구상고를 졸업하고 고졸 신입사원으로 삼성화재에 입사해 25년간 근무했다. 경리, 인사, 감사팀 등 주요 부서에서 근무해 영업경험이 없지만 '인맥 알까기' 방법으로 윤 대표는 지난 2007년 600억 원어치의 펀드를 판매해 삼성증권 투자권유 대행인 중 1위를 했고 2006년과 2007년에는 삼성화재에서 퇴직보험금 유치 1위를 했다.

슬쩍 연봉을 물었더니 그는 "매년 3~4억 원은 벌고 있다"고 말했다. 하지만 사람 만나는 걸 좋아하는 그에겐 연봉이 큰 의미는 없었다. 버는 만큼 남을 위해 쓰고 있기 때문이다. 사무실 한켠에도 지인들에게 나눠줄 책과 각종 골프용품들로 가득했다. 그는 학업에 대한 욕심도 상당했다.

고졸 출신이지만 뒤늦게 대학교에 입학해 경영학을 전공했고 연세대 경제대학원에 진학해 석사학위를 받았다. 틈틈이 공부한 일본어를 기초로 '알까기 일본어' 시리즈를 발간해 교보문고에서 10주 이상 베스트셀러로 기록되기도 했으며 최근엔 이현세 씨가 표지작가로 참여한 '알까기 골프' 와 '알까기 건배사' 를 출간했다.

- 《중앙일보》에서 발췌

성공의 필수요소는 이타심에서 시작

게 한 마리를 잡아 그릇에 넣어두면 금방 밖으로 빠져나오지만 두 마리를 넣어두면 모두 빠져나오지 못한다고 한다. 게는 서로를 끌어내리는 본능을 가지고 있기 때문이다. 게는 남이 잘되는 꼴을 못 보는 못된 습성을 갖고 있다. 이런 걸 뒷다리 벌잡기 현상이라고 한다.

어느 시골 초등학교 운동회 날 마지막 순서로 이어달리기 경주가 있었다. 1등으로 달리던 어린이가 결승선에 거의 다 와서 넘어졌다. 2등으로 달리던 어린이가 1등을 할 수 있었지만 달리기를 멈추고 넘어진 친구를 일으켜주었다. 둘은 손을 잡고 함께 결승 테이프를 끊었다. 두 어린이의 아름다운 행동에 전교생이 박수를 보냈다. 그날 청군과 백군은 모두 승리했다.

진정으로 성공한 사람은 남이 잘되는 걸 기뻐하는 사람, 남이 성공하도록 돕는 사람이다.

5 _ 휴먼 네트워크를 구축해야 한다

미국의 한 전문가가 전문직 종사자와 기술자 수백 명을 대상으로 취업 경력에 대해 인터뷰했다. 인터뷰 결과 대상자의 56퍼센트가 개인적인 인간관계를 통해 직장을 구했고, 약 19퍼센트가 채용 광고나 스카우트 등의 공식 채널을 통해서, 20퍼센트가 취직 시험을 통해 직장을 구한 것으로 나타났다. 그런데 중요한 점은 여기서 개인적인 인간관계란 친구나 친척을 말하는 게 아니라 우연히 맺어진 인연이 있는 사람이었다는 것이다.

"당신이 무얼 알고 있는가는 중요하지 않다. 누굴 알고 있는가가 중요하다."라는 말은 인맥을 중시하는 비즈니스 세계의 격언이다. 모든 문제의 해결 포인트는 '사람'이다. 비즈니스의 세계에서 대인관계는 최고의 경쟁력 가운데 하나라는 이야기다.

휴먼 네트워킹은 노력이다

필자와 친분이 있는 펀드매니저 K씨는 인맥의 달인 경지에 오른 사람이다. 경제학과 출신인 K씨가 벤처 투자 전문가 일을 시작했을 때 가장 먼저 겪은 곤란은 대부분의 벤처 회사가 자신의 전공과 거리가 먼 IT기업이란 것이었다. 과학에 대한 전반적인 지식이 부족했으므로 용어를 외우고 또 외워도 좀처럼 말귀가 트이지 않았다고 한다.

그 후 K씨에게는 묘한 버릇이 생겼다. 중요한 대화가 시작되면 품속의 소형녹음기를 켜고 상대방의 말을 녹음하기 시작한 것이다. 대화가 끝나면 녹음한 내용을 반복해서 들으며 그 사람이 가장 자주 쓰는 전문용어와 상품 이름을 몇 개 골라 그 사람의 명함에 메모해두고 그 의미를 익혔다고 한다. 시간이 흐르고 K씨가 IT 분야의 대화에 거리낌 없이 참여하게 되었을 때, 그는 그 명함들이 대단한 가치를 지니고 있음을 깨달았다. 누가 누군지 기억하기조차 어려운 1000장의 명함 뒤에 그 사람의 전공과 전문분야가 모두 기록되어 있었던 것이다.

'누구를 안다'는 것과 '무엇을 잘하는 누구를 안다'는 것 사이엔 엄청난 차이가 있다. K씨는 펀드매니저 일뿐만 아니라 명함의 주인공에게 의뢰하여 노하우를 전해주고 적재적소에 전문 인력을 소개해주는 역할을 통해 오늘날 IT업계에서 알아주는 마당발, 즉 휴먼 네트워크의 주요 허브로 성장할 수 있었다. 사람들은 그가 경제학과 출신임을 모르거나, 알고 나서 깜짝 놀란다고 한다. 그는 요즘 부자로 살고 있다.

인맥은 평생 재산이다

필자는 성공 컨설턴트가 되기 전 샐러리맨 시절에 홍보와 교육 업무를 담당했다. 필자가 거의 20년 가까이 다니던 회사를 접은 뒤 가장 먼저 챙긴 건 다름 아닌 명함철이었다. 명함철이 약 10권 정도 되었는데 직장생활이 준 작은(?) 프리미엄이라면 바로 이 '인적(人的) 족보'가 아닌가 싶다. 필자가 과감하게 직장 생활을 청산하고 '성공 컨설턴트'라는, 당시로선 생소한 '1인 기업'의 CEO로 나설 수 있었던 것도 바로 이런 인적 족보가 주는 인맥을 굳게 믿었기 때문이다.

그리고 성공학 강의에 대한 수요가 대부분 기업체에서 나오기 때문에 강사로서의 첫 출발임에도 비교적 순조로웠다는 생각이 든다. 이는 샐러리맨 시절의 인맥과 1인 기업 사장으로서의 인맥이 거의 중첩되었다는 뜻이다. 회사를 그만두었지만 필자는 수첩을 바꿀 필요가 없었다.

이런 인맥을 후에 어떻게 활용할 것인가, 그리고 얼마나 활용할 수 있을 것인가는 당신이 훗날 어떤 일을 할 것인가에 따라 많아 달라진다. 필자는 샐러리맨 시절에 쌓은 인맥을 거의 100퍼센트 풀가동시키고 있는 아주 운이 좋은 경우다. 하지만 아무리 샐러리맨 시절과 무관한 일을 하더라도 인맥 가동률이 0퍼센트로 내려가는 일은 결코 없다. 막말로 언젠가 어디엔가는 써먹을 수 있다는 뜻이다. 따라서 회사를 떠난다고 그동안 쌓아둔 인맥과 멀어져선 안 된다. 그 인맥은 당신 재산이다.

그렇지만 그 인맥은 당신이 속해 있는 회사의 후광을 업고 쌓은 인맥임을 잊어선 안 된다. 다시 말해 당신이 다른 회사로 옮기거나 창업을 하면 멀어지기 십상이다. 이런 인맥을 나는 '전자석 인맥' 이라고 부른다. 전기로 작동되는 자석이기에 회사라는 동력원이 끊어지면 서로간의 인맥도 끊어진다. 반대로 회사를 나가더라도 끈끈한 관계가 유지되는 인맥을 '영구자석 인맥' 이라고 부른다. 전자석과 영구자석의 차이는 바로 이성과 감성의 차이다. 이성은 '현실' 이라는 철저한 계산에 따라 움직이지만 감성은 그렇지 않기 때문이다.

어떤 고객을 만나야 하는가?

그렇다면 어떤 네트워크를 형성해야 하는가? 휴먼 네크워크를 형성하는 데는 구체적인 타깃이 있어야 한다. 무작정 고객을 만들겠다는 생각으로는 가치 있는 네트워크를 형성할 수 없다.

1. 나의 강점을 강화해줄 수 있는 사람을 만나라

현재 내가 가지고 있는 강점을 발전시켜줄 수 있는 네트워크를 형성해가는 것이다. 그리고 앞으로 내가 가져야 할 강점을 계발시켜줄 수 있는 사람이 누구인지 생각해보고, 그러한 고객이 있는 곳을 찾아가는 것도 필요하다.

2. 나의 약점을 보완해줄 수 있는 사람을 만나라

내가 가진 약점은 무엇인가? 그것을 보완해주고 제거해줄 수 있는 사람은 누구인가? 세상에 완벽한 사람은 없기 때문에, 나의 약점을 완충해줄 휴먼 네트워크를 형성하는 것 또한 중요하다.

3. 기회를 창출할 수 있는 사람을 만나라

나에게 새로운 기회를 제공해줄 수 있는 사람은 누구인가? 내가 기회를 줄 수 있는 사람은 누구인가? 서로에게 새로운 도전을 던져줄 수 있는 관계가 훌륭한 인간관계다.

4. 위기를 예방, 극복해줄 사람을 만나라

내가 앞으로 할 사업에 어떤 취약점이 있는지 파악하라. 그리고 있을 수 있는 위기를 예방하거나 극복하도록 도움을 줄 고객을 찾아라. 위기관리에 도움을 주는 고객은 사업의 장기적인 관점에서 보았을 때 꼭 필요한 존재다. 예를 들어 법률적인 도움을 받을 수 있는 사람이나, 나의 또 다른 중요한 고객에게 전문적인 도움을 줄 수 있는 사람 등과 친분을 쌓아놓는 것은 바람직한 일이다.

이 세상에서 가장 값진 투자는

필자가 아는 한 마케터는 늘 이런 말을 한다.

"이 세상에서 가장 값진 투자는 다름 아닌 사람 만나는 일에 투자하는 것이다."

모든 일은 사람이 하기 때문이다. 그는 성공하려면 맥을 잘 짚어야 하는데 그게 바로 인맥이라고 말한다.

미국의 극작가 존 궤어는 "세상 모든 사람들은 여섯 사람만큼만 떨어져 있다"라고 말했다. 다시 말해 적절한 중개자를 거치면 누구든 손가락으로 헤아릴 수 있는 단계를 거쳐 대통령에게까지 연결될 수 있다는 뜻이다. 지금 당신이 하고 있는 일에서 가장 소중한 일이 있다면 바로 업무의 인맥을 하루 빨리 당신의 성공 수첩에 담는 일이다.

기업을 등에 업고 뛰는 이들에게 주어지는 프리미엄이 있다면 엄청난 '휴먼 네크워킹'이 아닐까 생각한다. 동료는 물론 업무를 하면서 만난 이들이 나중에 대박(?)을 낳는 훌륭한 '인적 자산'임을 잊어서는 안 된다.

이런 말이 있다.

"나는 접속한다. 고로 존재한다."

날이 갈수록 휴먼 네트워크의 위력은 증가할 것이다. 가장 큰 이유는 세상이 점점 더 복잡해지고 경쟁이 치열해지고, 따라서 한 사람의 역량이 발휘되는 분야가 협소해지기 때문이다.

성공하려면 당신만의 휴먼 네트워킹, 즉 인맥을 구축하라. 탄탄한 인맥은 천재의 재능에 결코 뒤지지 않는다. 누가 뭐라 해도 인맥은 천재의 재능보다 낫다.

이젠 '노-하우(know-how)'도 '노-웨어(know-where)'도 아닌, 바로 '노-후(know-who)'의 시대다.

6 _ 고객을 구축하려면 만나고, 적고, 기억해야 한다

고객 만들기에 성공하는 사람은 1) 자기감정을 객관적으로 바라볼 수 있기 때문에 스스로 감정을 제어할 수 있는 능력을 가지고 있으며, 2) 자신의 감정을 타인에게 합리적으로 전달할 수 있는 능력이 뛰어나고, 3) 좌절이나 장애에 굴하지 않는 낙천적이고 꿋꿋한 인성을 지니고 있다.

여기서 1)은 '자신을 다루는 법'이고, 2)는 '타인을 다루는 법'이고, 3)은 '일(또는 세상)을 다루는 법'이다. 어떻게 보면 고객 만들기에 성공하는 세 가지 요소는 감성지수가 높은 사람들의 특징과 일치한다.

고객의 여덟 가지 유형

고객의 성향을 파악하는 것이 고객을 구축하는 과정의 시작이다. 고객은 다음과 같은 여덟 가지 유형으로 나눌 수 있다.

1. 의심형 고객

논리적으로 설득하지 않으면 납득하지 않는 고객이다. 이러한 고객은 이전의 경험에 근거하여 판단을 내리며 무조건 남의 말을 따르지는 않는다. 자존감이 강한 30~40대에서 많이 보이는 유형이다. 이러한 고객을 상대하기 위해서는 구체적이며 전문적인 근거가 필요하다. 고객이 의심하는 부분을 먼저 파악하고 하나하나 논리적으로 설득해가는 과정이 필요하다. 우선 작은 것부터 고객의 찬성을 받아내고, 그것을 점점 확대하여 전체적인 수긍을 얻어가는 것이 좋다.

2. 미결정형 고객

결정을 내리는 것을 어려워하는 고객 유형이다. 대화를 나눌 때 당황하는 표정이나 몸짓을 많이 보인다. 음성이나 질문하는 어조도 부자연스러운 경우가 많다. 이런 고객에게는 먼저 자기 PR을 통해 나를 알리고 신뢰감을 심어주는 것이 좋다. 고객이 스스로 결정을 내리는 데 도움이 되도록 아이디어를 제공하는 식으로 유도해주고, 인내심을 가지고 기다려야 한다.

3. 결정형 고객

적극적이고 자신감 넘치는 태도를 보인다. 자신의 결정에도 자신감을 가지고 있으며, 자신이 가장 많은 정보를 알고 있다고 믿는다. 종종 성공한 사업가들에서 이러한 유형을 발견할 수 있다.

이러한 고객은 자존심을 높여주는 것이 가장 중요하며 논쟁적인 대화를 삼가야 한다.

4. 충동형 고객

행동이 성급하고 강렬하며 때로는 돌발적이어서 결정을 빨리 내린다. 행동력이 있지만 변덕이 심하고 자기 본위인 경우가 많다. 이런 고객은 관찰을 한 후 기분이 언짢아 보이면 한발 물러나는 것이 상책이다. 한 번에 결정지으려 하지 말고 다음의 만남을 다시 계획하는 것도 좋은 방법이다.

5. 과묵형 고객

고객이 말이 없다면 여러 가지 이유를 생각해볼 수 있다. 우선, 본래 말주변이 없는 경우이다. 이런 경우에는 고객에게 너무 많은 말로 몰아붙인다는 인상을 주지 말고, 차근차근 항목별로 질문해가며 대화를 전개하는 것이 좋다.

둘째는 심사숙고형 고객인 경우이다. 심사숙고형 고객은 행동이 느리며 침착한 성향을 보인다. 이러한 고객은 주어진 모든 정보를 다각적으로 검토하느라 결정에 오랜 시간이 걸린다. 심사숙고형 고객에게는 너무 많은 정보와 조건을 제시하지 않고, 몇 가지 정보만으로 대화를 풀어가는 것이 좋다. 하나하나 검토해가며 오히려 혼란을 느껴 결정을 내리지 못할 수도 있기 때문이다.

셋째는 나에게 마음을 열지 않아 침묵을 지키는 경우이다. 이런 고객에게는 첫인상이 무엇보다 중요하다. 고객이 호감을 가질 만한 화법을 이용해 받아들이기 쉬운 말부터 꺼내는 것이 좋다.

6. 불친절한 고객

무뚝뚝하고 냉담한 태도를 보이는 고객으로, 좌절하기 쉬운 성격에 감정이 굴절된 면이 있다. 이런 유형의 고객에게는 일관되게 친절하고 예의바른 태도를 보이며 침착하게 응대해야 한다. 호의를 보이며 다가가는 것이 중요하며, 대화를 하는 동안 상품의 가치로 어필하려는 노력이 필요하다.

7. 독설형 고객

가장 어려운 고객 유형 중 하나로, 상품에 대해 끊임없이 비꼬며 흠을 잡는다. 그러나 고객의 말에 반발하지 않고 참을성을 가지고 들어주면서 자제하는 태도를 잃지 말아야 한다. 한번 마음을 터놓고 지내면 의외로 친숙한 고객이 될 수도 있다.

8. 변덕형 고객

친절하게 응대하다가 갑자기 예상외의 행동을 하거나 결정을 뒤집는 고객이다. 거래가 성립된 뒤에도 말이 많다. 이런 고객에게 말로 이기려고 해서는 안 된다. 충분히 이야기를 들어주고 적당히 칭찬을 한 뒤 때를 보아 고객의 말에 반박하되, 공격하는 인상이나 싫은 내색을 보여서는 안 된다.

휴먼 네트워킹의 유형

바람직한 휴먼 네트워킹 방법은 비즈니스 현장에서 다양한 형태로 나타나는데, 크게 다음과 같이 3가지로 나눌 수 있다.

1. 관리형

철저한 계획에 따라 휴먼 네트워크를 관리하는 유형이다. 아마도 성공한 비즈니스맨 중의 대다수가 이 유형에 속할 것이다. 중견 기업의 H회장은 "계획이 없는 인생은 지도 없는 탐험과 같다"는 말을 철저히 믿는 유형이다. 그는 자신과 친분을 유지하는 모든 사람에 대해 전화 걸기, 밥 사주기, 술 사주기 등의 이른바 '~해주기' 스케줄을 빽빽하게 정리해놓고 이를 실천한다.

1000여 명에 이르는 휴먼 네트워크를 유지하기 위해 매일 30통씩 안부전화를 하는 기업체 사장도 있고, 1년에 한 번씩 자기 전문분야인 주식 투자 가이드를 출간하여 휴먼 네트워크 내에 무료로 배포함으로써 자신의 존재를 지속적이고 강력하게 각인시키는 펀드매니저도 있다. 약간 인위적이라 부자연스럽기는 해도 '관리'라는 측면에서는 최선의 방법이다.

2. 실천적 참여형

주변 사람들과 관계된 일에 적극 참여하여 손수 실천함으로써 친분을 돈독히 하는 경우다. 60대에 들어선 노장 학자인 K교수는 허리에 '만보기'를 차고 부지런히 움직이면서 전에는 조교를 시켰던 일도 직접 나서서 하고 있다.

그는 "남에게 시키지 않고 직접 하다 보니 주변 사람들에게 인심을 얻게 되고 또한 적극적인 생활 태도를 갖게 되어 대인관계에도 도움이 된다"고 말한다. 경조사에 빠지지 않고 참여하는 것도 실천적 참여에 속한다.

국내 회사인 D그룹은 사원들 간의 인화가 끈끈하기로 유명하다. 심지어 IMF 때 명예퇴직(당)한 직원들 대부분이 아직까지도 D그룹 소속 프로야구단을 응원한다고 하니 참으로 놀라운 일이 아닐 수 없다. D그룹의 가장 두드러진 문화가 바로 동료 직원의 경조사에 너나없이 참여하여 일손을 거드는 것이다. 노동시장의 유연성, 즉 "평생 직업은 있어도 평생 직장은 없다"고 하는 냉정한 풍토 속에서 이런 실천적 참여는 휴먼 네트워크 형성에 더욱 큰 힘을 발휘할 것이다.

3. 유희형

놀이를 대인관계에 접목시켜 취미를 매개로 휴먼 네트워크를 형성하는 부류가 이 유형에 속한다. 장관을 지낸 N의원의 대인 관계 원칙은 "될 수 있는 대로 많은 사람을 만나며 산다"는 것이다. 그는 '식사하고 술도 마시며 노래방에 가서 노는 클럽'을 만들어 사람을 끌어 모았다. '놀자'는 클럽이므로 사람들의 참여도 높고 정서 교류도 매우 활발하다고 한다.

영화배우 P씨가 '골프 클럽'을 통해 형성한 영화인 휴먼 네트 워크에는 한국의 내로라하는 남자 배우 10여 명이 가입해 있다. P씨는 "그냥 모이자고 할 때는 나오지 않던 사람들이 클럽에서 골프에 재미를 붙인 뒤엔 빠지지 않고 나온다"며 즐거워한다. 재미가 동반된 취미와 놀이는 휴먼 네트워크를 형성하고 유대를 강화하는 데 가장 효과적인 매개가 된다.

자, 그러면 우리 곁에 숨어 있는 인맥의 달인들을 한번 찾아가 보자.

명함은 고객의 ABC다

자신이 누구인지, 그리고 자신이 무엇을 하는 사람인지를 상대방에게 쉽게, 빨리, 오랫동안 기억시킬 수 있다면 성공적인 휴먼 네트워킹의 절반은 따고 들어가는 셈이다. 물론 가장 단순한 방법은 복장, 헤어스타일, 화장, 액세서리 등으로 남다르게 튀는 차별화다. 하지만 이런 방법은 성공적일 수도 있지만 특정 연령이나 계층을 불편하게 만들 수도 있다.

필자는 2002년 여름 중국 비즈니스를 주업으로 하는 D사를 방문했다가 사장에게서 순금 명함을 받은 적이 있다. 중국인들이 금을 선호한다는 사실에서 착안했다는데, 실제로 순금 명함을 받은 중국인들은 몹시 즐거워하며 "잘 간직하겠다"는 인사를 한다며 사장은 자랑이 대단했다.

필자는 속으로 '이거 물건이다!' 생각했고, 아니나 다를까 그해 겨울쯤 여기저기서 받은 순금 명함이 10여 장에 이르게 되었다. 중국 무역을 하는 또 다른 D사의 S이사는 "순금 명함이 가격은 비싸지만 거래가 성사되는 비율이 높음을 실감하다"고 말했다. 아무리 그래도 한 장에 4000~5000원이나 하는 순금 명함은 웬만한 비즈니스맨에겐 조금 부담스러울 듯하다.

반대로 자기 명함을 500원 받고 판매하는 사람도 있다. "이 명함은 한 장에 500원입니다"라며 동전을 받고 고객에게 건네준 명함의 가치가 남다름은 독자들도 충분히 이해할 것이다.

적자성공! 일단 메모하라

필자가 가끔 들르는 J라는 바의 여성 사장은 필자가 두 번째로 간 날 감동을 안겨주어 필자를 단골로 만들었다. 친구와 함께 바에 가서 앉자마자 그 사장은 놀랍게도 필자의 이름은 물론 직업과 사는 곳, 게다가 지난번에 나누던 대화까지 기억하고 있었다. 함께 간 친구는 이번이 겨우 두 번째 방문이라는 이야기를 듣고는, "저 사장이 자네에게 특별한 감정이 있나 보다"라며 놀리기까지 했다. 젊고 아름다운 여성이 필자에게 특별한 감정이 있다는데 기분 나쁠 일은 없지만, 실은 필자가 지난번에 건네준 명함을 자기 다이어리에 붙여두고는 신상정보와 함께 나누었던 대화 등을 요약해놓았던 것이다. 이런 정성을 들이는데 장사가 안 될 까닭이 있겠는가. J바는 호황을 누리고 있다.

인해전술로 풀어라

국내 1위 보험회사 S생명의 S팀장은 네 차례나 보험 여왕 자리에 올랐고, 모든 보험설계사들이 꿈꾸는 '백만 달러 원탁회의(MDRT)'에 한국인으로는 유일하게 종신회원으로 가입된 인물이다. S팀장의 연봉은 5억2000만 원, 1년 동안 혼자서 70~80억 원의 보험을 계약하고 한 달 평균 30건의 신규 계약을 성사시킨다.

S팀장은 현재 1800명의 고객을 관리하고 있는데 그중에서 밀접한 관계를 유지하는 VIP급 고객이 100명쯤 되고, 매달 우편물을 보내고 신상품이 나왔다고 전화로 알려주는 고객도 500명이나 된다. "한번 만난 고객을 자기 고정자산으로 만들기 위해서 가장 중요한 것은 사후관리다"라고 이야기하는 S팀장은 고객의 경조사, 생일, 결혼기념일 등은 빼놓지 않고 챙긴다고 한다. 꽃이나 볼펜을 선물하거나 식사 대접을 하기도 하고 VIP 고객의 경우 의류나 건강식품을 보내기도 한다. 이런 식으로 투자하는 비용이 자기 월급 3500만 원 중 1000만 원이 넘는다고 한다.

다다익선! 물량공세도 약발이 받는다

D자동차에 근무하는 C이사의 수첩에는 4000명의 이름과 주소, 전화번호 등이 빼곡히 적혀 있다. 1978년 자동차 영업을 시작하여 지난 2000년에 자동차 영업직으로는 두 번째로 이사가 된 C

이사는 해마다 150대 이상의 자동차를 판매한 신화적인 인물이다. C이사는 "신규방문을 많이 해야 합니다. 1000장의 명함을 뿌리는 노력과 100장의 명함을 뿌리는 노력은 다른 결과를 만들어 냅니다. 무조건 많이 만나고 명함을 많이 줘야 합니다. 3년만 영업을 해도 고참 행세를 하면서 신규방문은 하지 않고 기존 고객만 관리하려고 하는데, 그러면 아무리 관리를 잘해도 고객은 줄어들 수밖에 없습니다. 항상 새로운 고객을 만들어야 합니다"라며 인해전술의 중요성을 강조한다.

그렇게 그는 1만 명의 고객 리스트를 만들었고 이들에게 지속적으로 DM을 보내고 생일에는 축전을 띄우는 노력을 게을리 하지 않는다. 인해전술로 확보한 고객을 재산으로 만들기 위해 C이사는 한번 접촉한 고객은 꼭 반복해서 만난다.

"한두 번 만남으로 영업사원을 기억하기란 거의 불가능하죠. 자주 방문해서 기억하게 하고 친해지는 것이 제일 좋습니다. 영업에는 왕도가 없습니다. 열심히 돌아다니고 인내를 가지고 꾸준히 방문해야 합니다."

지성이면 감천이다

S생명 대구지점의 보험설계사 Y씨는 '움직이는 영업소'라는

애칭으로 불린다. 혼자서 올린 영업실적이 웬만한 영업소 전체 실적을 능가하기 때문이다. 지난 2000년 한 해 실적만 신규 490건, 157억 원에 이른다.

S생명 소속 6만여 보험설계사들 중 실적 1위를 달린다. 그는 1년 소득이 10억7000만 원이고, 회사에서 사무실과 전용 비서를 따로 내주었다. 더욱 경이로운 부분은 1000명에 달하는 그녀의 고객들이 가입을 유지하는 비율이 거의 100퍼센트에 가깝다는 점이다. 그녀의 놀라운 '고객 관리'는 가입 직후부터 시작되는데, 회사에서 만든 난해한 약관 대신 스스로 만든 보험 상품 설명서를 보내줌으로써 고객이 "가입하길 잘했구나"라는 믿음을 갖도록 지속적으로 정보를 제공한다. 고객들의 경조사를 빠짐없이 챙기는 건 기본이다. 하루에 최소 두세 곳은 화분이나 축의금, 조의금을 보낼 일이 생긴다고 한다.

H중공업 광주지사의 K씨는 혼자 20억 원이 넘는 매출을 올려 사내 '영업왕'에 오른 영업사원이다. 보험 세일즈가 어렵다고들 하지만, 사실 한 대 가격이 1억 원 넘는 중장비는 2~3년을 쫓아다녀야 겨우 한 대 팔 수 있는 정도라고 한다. K씨의 하루 주행거리는 300킬로미터로 택시기사의 하루 주행거리와 맞먹는 수준이다.

친화력이 생명이다

한 부동산 신탁회사의 사원인 L대리(38)는 사람을 처음 만나 "형님"이라고 부르는 데 걸리는 시간이 단 5초라고 한다. 나이가 좀 많고 친근감이 들면 곧바로 "형님", 여자는 "누님", "이모"다. 이런 특유의 친화력과 대인관계를 통해 시공자, 시행자, 은행 등 각종 이해관계인들이 얽히기 마련인 복잡한 업무를 술술 풀어내 올 들어서만 회사에 20억 원의 수익을 가져다주었다고 한다. 지난해에는 도저히 받아낼 수 없을 것이라던 불량채권 3억 원도 받아내 주위 임직원들을 놀라게 했다. 스스럼없이 자신을 '낙하산'이라고 부르는 L대리는 5년 전 정치권에서 주은신탁으로 자리를 옮길 때만 해도 애물단지 취급을 받았다. 그러나 곧바로 특유의 대인관계로 어려운 일들을 풀어나가 이제는 회사의 보물단지로 경영진들의 귀여움을 받고 있다.

먼저 베풀어라

광고회사 J기획의 국장 K씨는 별명이 '민원 해결사'다. K국장의 수첩에 적혀 있는, 언제라도 연락이 가능한 사람은 각계각층의 인물 1000여 명에 달한다. K국장은 주변 사람이 어려움에 처하면 가장 먼저 찾는 사람이다.

그는 "단순히 상가(喪家)나 결혼식에 자주 가는 정도로 완전히 '내 사람'을 만들 수는 없다"며 "사람 만나기를 근본적으로 좋아해야 한다"고 말한다. 어려운 입장에 처한 사람을 성심성의껏 돕고 당장의 이익보다는 인간관계 자체를 중시하는 것이 인맥관리 비결이다. 또 상대에게 필요한 정보나 사람을 연결해주는 데도 많은 신경을 쓴다고 한다.

하루 10분이면 족하다

"미국에 유학 간 아드님은 학교생활 잘하고 있지요?"

외국계 기업의 H부장은 최근 국내 고객을 만나 이런 인사말부터 던졌다. 상대방은 "나에 대해 이렇게까지 관심을 가지고 있구나"하며 놀라는 기색이 역력했다.

이런 신뢰감을 주고 나면 그다음 사업적 관계는 술술 풀리기 마련이다. H부장이 자주 만나지도 않는 사람에게 이런 인사를 던질 수 있었던 것은 대인관계를 무엇보다 소중하게 여기는 인식과 그에 따른 독특한 습관 때문이다. 그는 사람을 만나거나 전화 대화를 마치고 나면 대화 내용, 상대방의 주요 관심사, 연락처, 특이한 점들을 짤막하게 자신의 컴퓨터에 저장해둔다. 엑셀 파일에 이름별로 정리가 돼 있어 만날 때마다 그 사람에 대한 크고 작은 정보가 차곡차곡 쌓인다. 그리고 그를 다시 만날 때는 파일을 한번 열어보고 간다.

그렇게 하면 상대방을 잘 이해할 수 있는 것은 물론이고 세세한 부분까지 배려할 수 있어 이것이 때로는 감동이나 감탄으로까지 이어진다. H부장은 "하루에 30명 정도를 만나거나 전화를 하는데, 이런 짤막한 메모를 하는 데 10분도 채 안 걸린다."며 "조그만 노력들이 쌓이면 무엇과도 바꿀 수 없는 귀중한 자산이 된다."고 말한다.

7 _ 고객관리 노하우 무엇이 있는가?

정상은 오르기보다 지키기가 더 어렵다는 말이 있듯이 사람 사이도 새로 사귀기보다 좋은 관계를 유지하기가 더 어려운 법이다. 성공적인 고객관리는 번뜩이는 아이디어보다는 꾸준한 습관과 정성 그리고 노력에서 비롯된다. 누구나 쉽게 할 수 있는 고객관리 10계명을 소개한다. 당신도 고객관리의 달인이 될 수 있다.

1계명 : 도전 100人! 파일을 만들어라

핵심 인물 100명의 휴먼 네트워크 구축을 목표로 잡고, 한 사람한 사람의 파일을 만들어 데이터를 축적해나간다. 파일엔 연락처와 주소, 신상정보 등은 물론 만났을 때 나누었던 중요한 이야기, 통화 내용 등을 기록해둔다. 상대방에 대해 많이 알수록 그에게 실질적으로 도움이 되는 정보를 제공할 수 있고, 또 상대방이 했던 가벼운 부탁을 잊지 않고 들어준다면 그 사람은 당신의 고정자산이 될 것이다.

기록하라! 다이어리보다는 컴퓨터나 노트북, PDA 등 오거나이저 프로그램을 활용하면 보다 효과적으로 고객을 관리할 수 있다. 필자는 비즈니스맨들에게 반드시 노트북 컴퓨터를 구입하라고 권한다. 자기 혼자 사용하는 노트북을 갖게 되면 일정, 연락처, 메모, 메일 등을 보다 체계적으로 관리할 수 있다.

2계명 : 자주 접촉하라

휴먼 네트워크 내의 모든 인물과 전화통화나 메일을 통해 적어도 한 달에 한 번 이상 접촉하도록 한다. 모 기업체의 조사에 따르면, 비즈니스 관계로 한 번 만남을 갖기 위해 평균 21번의 전화통화를 한다는 결과가 나왔다. 따라서 한 달에 한 번 이상 온라인 접촉을 가져야 1년에 한 번 만남을 가질 수 있는 셈이다. 그 인물의 신상 변화와 전문분야에 대한 정보를 업데이트하기 위해서도 반드시 필요한 일이다.

3계명 : 개인 홈페이지를 구축하라

자신의 프로파일, 전공과 전문분야 및 관련 정보 등을 제공하는 개인 홈페이지를 만들어 운영한다. 자신의 전문분야를 알림으로써 누군가 당신에게 도움을 주거나 반대로 누군가 당신에게 도움을 청하도록 유도하는 효과는 물론, 스스로도 관련 지식과 정보를 체계적으로 정리할 수 있는 일거양득의 효과가 거둘 수 있다.

4계명 : H+P 고객을 공략하라

여기서 'H'와 'P'는 병원(Hospital)과 경찰서(Police Station) 를 말한다. 사람이 몹시 다급해지는 경우가 두 가지 있는데, 하나 는 본인이나 가족이 갑자기 입원하게 되었을 때 그리고 두 번째 는 사고를 당했을 때다. 다급하게 종합병원에 입원하게 되었을 때 아는 사람이 있는 병원과 없는 병원 사이엔 큰 차이가 있다. 사고가 났을 때도 마찬가지다. 효과적인 사고 대처 요령을 알고 행동하면 후유증을 줄일 수 있다. 병원이나 경찰서에 가면 누구 라도 약해지고 불안해지기 때문에 작은 도움이라도 받게 되면 평 생 잊지 못할 정도로 고마움을 느끼게 된다. 종합병원과 경찰에 영향력 있는 인맥을 구축해두고 어려움을 당한 사람에게 도움을 준다면 그는 당신을 잊지 않을 것이다.

5계명 : 돈을 빌려주지 말라

사람과 사람 사이의 관계를 완전히 단절시키는 원인 중 1위가 채권채무이고, 그중에서도 최악의 채권채무 관계는 돈과 함께 사 람마저 잃는 경우다. 선의든 악의든 돈을 갚지 못한 채무자 스스 로가 채권자를 피함으로써 관계가 소원해지는 경우가 대부분인 데, 빌려준 돈을 당장 받기 어렵다고 판단이 되면 차라리 기한을 충분히 연장해주거나 "천천히 벌어서 갚아도 좋다"는 식으로 채 무자의 채무를 당분간 풀어주는 것이 현명하다.

앞 장에서도 말했듯이 자금난에 처한 사람이 바닥에 완전히 떨어진 다음에 돈을 빌려줌으로써 그 돈이 재기의 발판이 되도록 해야 한다. 다시 말해 사채를 빌려 사채를 막는 악순환 상태라면 돈을 빌려주지 않는 것이 그를 돕는 길이다.

6계명 : 다양한 취미로 참여하라

마니아 경지까지 도달할 필요는 없으나 가급적 다양한 취미활동에 대한 식견을 갖추고 있으면 휴먼 네트워킹의 강력한 무기가 된다. 사회생활을 하는 사람끼리 쉽게 친해지는 경우는 딱 두 가지라고 보면 된다. 같은 분야에서 종사하는 경우, 그리고 같은 취미를 가진 경우다. 잘라 말하면, 같은 일을 하거나 취미가 같을 때는 서로 할 말이 많고 자주 만나도 화제가 끊이지 않는 법이다. 어느 기업체 사장은 젊은 영업사원들에게 "VIP 대상으로 영업을 하려거든 먼저 골프부터 배워라"라고 조언한다.

7계명 : 선배보다는 후배를 챙겨라

성공하는 데 도움을 주는 사람은 누구일까? 전문직 종사자나 기업가의 성공에 기여한 인물들을 분석해보면 선배보다는 후배가 압도적으로 많다. 앞에서 이끌어주는 선배보다는 뒤에서 밀어주는 후배가 더 큰 힘을 발휘한다는 뜻이다. 가만히 생각해보

라. 비즈니스맨인 당신 곁에는 선배, 동료, 후배의 세 인맥군이 있다. 이 세 인맥군 중 당신과 오래 근무할 사람은 누구인가? 바로 후배다. 후배가 돈을 벌어다 준다. 당신을 이끌어줄 선배도 중요하지만 결국 당신을 밀어줄 후배가 더 중요하다.

8계명 : 이성에 포커스를 맞춰라

동성이 중요하지 않다는 뜻이 아니라 그만큼 이성과의 휴먼 네트워킹이 어렵다는 말이다. 누가 뭐라고 해도 여성과 남성 사이엔 극복하지 못할 차이가 있다. 휴먼 네트워크의 본질이 자신과의 차이를 수용함으로써 자신의 능력을 확장시키는 것이므로, 차이 그 자체인 이성을 자기 휴먼 네트워크 내로 끌어들이는 것의 중요성은 더 말할 나위가 없다. '그렇고 그런' 관계로 돌변할 수 있는 가능성을 경계하면서 이성에 대한 이해와 배려를 잊지 않는다.

9계명 : 겸손을 전략으로 삼아라

인간적 매력이 대인관계에서 발휘하는 힘에 대해서는 굳이 거론할 필요조차 없을 것이다. 그런데 '인간적이다' 함은 넘침보다는 모자람에서 비롯된다. 인간은 신이 아니므로 완전할 수 없다. 더군다나 뛰어난 능력은 곧 드러나게 마련이므로 성급하게 과시하지 말아야 한다.

인간적인 매력이 넘치는 사람에게는 두 가지 뚜렷한 특징이 있다. 1) 남의 전문분야를 침범하지 않는다. 2) 말하기보다는 듣는다. 시쳇말로 '자기 영역'을 침범당할 때 사람은 가장 큰 분노와 두려움을 느끼므로, 남의 전공과 전문분야에 대해 잘난 척을 하지 말아야 한다. 그리고 최소한 두 마디 듣고 한 마디 하는 습관을 기르도록 노력한다. 인간적 매력은 '무엇을 할 때?'보다는 차라리 '하지 않을 때' 드러나는 것이다.

10계명 : 양보다 질로 승부하라

관리가 가능한 휴먼 네트워크의 양에는 한계가 있다. 그러나 네트워크의 질에는 한계가 없다. 네트워크의 질이 높다는 것이 반드시 고위층이나 부유층으로 네트워크가 구성되었음을 뜻하지는 않는다. IT 분야의 정보를 얻기 위해 꼭 IT 전공 대학교수나 박사가 필요한 것은 아니다. 네트워크의 질은 바로 다양성이다. 각계각층의 다양성을 확보한 최소수의 구성원으로 짜인 네트워크가 가장 이상적인 휴먼 네트워크일 것이다.

당신이 자동차나 보험 영업사원이 아니라면 양적으로만 팽창한 휴먼 네트워크는 관리에 필요 이상의 시간과 자금을 소모하게 되므로 도리어 손해를 끼치게 된다. 정리할 자리는 과감하게 정리해야 새로운 사람이 들어설 자리가 생기는 법이다.

2장

고객을 내 편으로 만드는
파워 솔루션

1 _ 고객을 대하는 마음가짐 어떻게 해야 하는가?

당신에게 도대체 고객은 무엇일까? 앞서 이야기한 것처럼 왜 고객이 성공을 부르고 이것이 꿈이고, 밥이고, 미래가 되는 것일까? 필자가 이 고객이란 것을 분석해보려 한다.

우선 '고객' 이란 단어를 유심히 살펴보자. '고객' 이라는 단어를 분해해보면 '고개+ㄱ' 이 된다. 이것을 액면 그대로 해석을 하면 고객은 최소한 7번을 "아니오!" 라면서 고개를 젓는 사람이고, 아니면 7번의 고개를 넘어야 할 큰 장벽이라고 할 수 있다. 말하자면 만만치 않은 대상이라는 것이다.

그렇다면 고객은 진정 무엇일까? 필자는 고객은 돈이라고 생각한다. 바로 이것 때문에 필자가 '고내편', 즉 '고객 내 편 만들기' 전략을 짜야 한다고 말하는 것이다.

진정한 고객으로 만들기까지

고객에는 다음과 같은 세 부류가 있다. 먼저 고객(高客)이다. 이들은 우선 만나면 'NO', '아니오!' 라고 한다. 콧대가 높은 사람들이고 나의 말을 들으려 하지 않는다. 대개 세일즈맨들이 여기서 좌절하기 쉽다. 그러나 성공하는 세일즈맨들은 여기서 포기하지 않고 '포기'의 '포' 자를 '오'로 바꿔 '오기'를 부린다. 그러면 고객들은 바로 고객(考客)으로 성향을 바꾸기 시작한다. 당신이 포기하지 않고 들이대면 고객이 변화한다. 그들은 고려하는 사람으로 변한다.

이는 당신에게 계속해서 오라는, 즉 'ON'이라는 신호를 주는 셈이다. 이런 과정을 거쳐서 주기 아니면 까무러치기로 시속적으로 고객을 대하면 이들이 바로 고객(固客)이 되어 여러분의 평생 고객으로 남게 된다. 이때 고객은 여러분을 볼 때마다 '와우(WOW)'를 외치며 여러분의 편이 되는 것이다. 물론 말처럼 쉬운 것은 아니지만 성공자들이 걸어가는 '오기'와 '들이대기'와 '죽기 아니면 까무러치기'를 통해 이런 달콤한 열매를 얻을 수 있다.

자, 그렇다면 왜 고객이 돈이 될까? 여기서 아주 중요한 공식을 찾아낼 수 있다. 고객이 단계별로 신호를 보내는 것을 보면 첫째, 'NO'이다.

다음은 'ON'이다. 끝으로 'WOW'이다. 이 세 가지 단어에서 앞 자만 따면 'NOW'가 된다. 이는 '지금' 또는 '현재'인데, 이것을 거꾸로 읽으면 'WON', 즉 우리의 돈이 되는 것이다. 결국 현재(NOW)의 고객은 바로 돈(WON)이 된다.

고객은 나의 생계를 책임져주는 고마운 존재

도대체 장사를 잘하는 기업이나 사람은 고객을 어떻게 생각할까? 일본은 수백 년이 넘은 장수 기업이나 가게, 즉 시니세가 많기로 유명하다. 이들에겐 분명 색다른 성공 DNA가 있을 것이다.

한 기업을 소개하겠다. 쓰루가야라는 600년이 넘은 과자점이다. 이 가게는 한 사람의 고객도 소홀히 하지 않는 것으로 유명해졌다. 이 가게의 사시는 "하찮은 고객은 한 사람도 없다."이다.

대개 일본 과자나 떡은 케이스에 포장이 되어 있어 낱개로는 팔지 않는다. 그런데 이 가게는 한 개라도 정성들여 판매한다. "단 한 개의 과자를 사는 손님에게도 똑같이 친절하라!"라는 신조를 갖고 있다. 한 개의 물건이라도 사주는 손님은 우리의 부모와 같다는 것이다. 그들이 자신들의 생계를 책임져준다고 생각하기 때문이다. 바로 이런 정신이 600년이라는 장수 기업을 이룬 것이다.

고객을 만나기 전에 갖춰야 할 여섯 가지

1. 커다란 꿈

작은 꿈을 가진 사람과 큰 꿈을 가진 사람은 절실함에 차이가 있을 수밖에 없다. 구멍가게의 꿈을 가진 사람과 CEO의 꿈을 가진 사람은 고객을 대하는 폭이 다르다. 결국 고객의 크기는 꿈의 크기에 비례하는 법이다.

2. 고객을 끌어들이는 습관

나에게 어떤 습관이 있는지 돌아보아야 한다. 고객에게 친밀감을 주는 좋은 습관을 가지고 있는가? 상대에게 호감을 주는 표정을 습관처럼 짓고 있는가? 고객을 즐겁게 하는 배려를 몸에 익히고 있는가? 다음은 고객을 끌어들이는 좋은 습관들이다.

- 밝은 표정으로 환하게 웃는다.
- 고객의 말을 경청하고 공감하는 말을 건넨다.
- 고객을 대하는 마음에 항상 진심이 담겨 있고 배려심을 표현할 줄 안다.
- 고객에게 늘 관심을 기울이고 칭찬의 말을 건넬 줄 안다.
- 긍정적인 사고방식을 갖고 즐겁게 대화를 이끌어간다.
- 분위기를 부드럽게 해줄 유머감각을 지닌다.

이러한 습관은 살아가며 저절로 몸에 익는 것이지만, 학습을 통해 발전시킬 수도 있다. 자신의 좋은 습관을 꾸준히 계발하고,

단점은 고쳐나가야 한다.

3. 땀

좋은 고객을 만들기 위해서는 끊임없이 땀을 흘리겠다는 각오가 있어야 한다.

우선 첫째, 다리품을 파는 노력이 필요하다. 고객이 있는 곳으로 부지런히 찾아가야 한다는 것이다.

둘째, 머리품을 팔아야 한다. 나는 현재 어떤 상황에 있는가, 나의 고객은 어디에 있는가, 어떻게 고객을 관리해야 하는가 끊임없이 생각하고 발전해야 한다.

셋째, 손품을 팔아야 한다. 한 번 고객이 영원한 고객이 되게 하려면 꾸준히 전화기 버튼을 누르고, 메일을 보내고, 고객의 블로그를 뒤지며 관심을 기울이는 노력이 필요하다.

4. 성장욕구

훌륭한 고객과의 관계를 맺는 한 가지 방법은 내가 훌륭한 사람이 되는 것이다. 고객에게 '언제나 그렇고 그런 사람'이라는 인상을 주어서는 안 된다. 그러기 위해서는 나에게 성장하려는 욕구가 잠재해 있어야 한다. 내가 먼저 도움 될 사람이 되어야만 고객이 나에게 도움을 주는 존재가 되는 것이다.

5. 베푸는 마음

비즈니스를 하는 사람에게 무엇보다 중요한 것은 타인에게 베푸는 마음이다. 내것만 움켜쥐려는 사람은 결국 성공적인 비즈니스를 할 수 없다. 'take & give'가 아닌 'give & take'다. 고객은 먼저 베푸는 사람에게 마음을 연다.

6. 인내심

좋은 고객을 한 명 만드는 데는 오랜 시간 동안의 꾸준한 노력이 필요하다. 인내는 쓰지만 열매는 달다는 말이 있다. 포기가 쉬운 사람에게는 좋은 고객이 붙어 있지 않는다. 인내의 맛을 아는 사람만이 고객과의 진실한 관계를 맺을 수 있다.

고객은 10분 안에 모든 것을 판단한다

웃음을 과학적으로 연구한 전문가들이 밝힌 재미있는 통계가 있다. 여섯 살 난 아이는 하루에 300번 웃는 반면에 정상적인 성인은 겨우 7번 웃는다고 한다. 정말 웃지 못할 이야기다. 미소는 살 수도 없고, 벌 수도 없으며, 빌릴 수도, 도둑질할 수도 없다. 이것은 별로 소비되는 것은 없으나, 이것을 주는 사람은 해롭지 않고, 받는 사람에게는 넘치며, 이것 없이 참으로 부자 된 사람이 없다. 웃는 얼굴엔 행운도, 금전도, 고객도 따른다. 항상 당신의 얼굴에 미소를 심어라. '매직 넘버 10'을 명심하라. 인사가 만사 (萬事)다. 비즈니스에 대한 고객의 인상은 만남의 첫 10분이 좌 우한다고 한다. 다음은 기본 멘트들이다. 밥 먹듯 연습해서 입에 달고 다니자. 그리고 고객을 대할 때 큰소리로 외치

- "반갑습니다."
- "감사합니다."
- "별고 없으셨지요?"
- "죄송합니다만……."
- "미안합니다."
- "송구스럽습니다."
- "다시 만나고 싶습니다."
- "연락드리겠습니다."

한 백화점에서 조사를 한 적이 있다. 이 연구 결과에 따르면 백 화점 점원들은 고객의 마음을 10초 안에 사로잡아야 한다고 한 다. 고객의 65.9퍼센트가 첫 매장 방문 시 10초 이내에 판매사원 에 대한 인상을 결정짓기 때문이다.

고객들은 판매사원의 자세와 태도(62.1%)에 가장 호감을 느끼

는 반면 상품 지식(5.2%), 화술(4.7%)에는 크게 영향을 받지 않는 것으로 조사됐다. 고객들은 매장을 다시 찾았을 때 자신을 바로 알아보는 행동(43.6%)을 가장 좋아했고 마음에 드는 패션 조언(37.9%), 재방문에 대한 감사(14.2%) 등이 그 뒤를 이었다.

특정 판매사원의 고정 고객이 된 경우는 '편안하고 정감 있는 응대' 때문이라는 응답이 76.3퍼센트로 가장 많았고 고객이 가장 선호하는 호칭은 '고객님' (68.2%)인 것으로 나타났다. 고객의 95.3퍼센트는 호감이 가는 판매사원을 다른 사람에게 소개할 의향이 있다고 답했으며, 몇 명에게 소개할지에 대해서는 3~5명이 55퍼센트로 가장 높았다.

고객 감격 액션 10

실종된 고객 마인드를 복구해야 한다. 설사 고객이 불평을 하고 힘들게 한다 하더라도 다음의 '고객 감격 액션 10'을 마음속 깊이 새기며 실천해가기 바란다.

- 고객의 말을 가능한 한 모두 경청하라.
- 고객의 감정과 기분에 긍정적으로 반응하라.
- 변명하지 마라.
- 고객의 입장에서 성의 있는 태도를 보여라.

- 가능한한 감정이 섞인 표현은 피하라.

- 솔직하게 사과하라.

- 사실을 중심으로 명확하게 설명하라.

- 덮어놓고 반격하지 마라.

- 고객의 불만이 해소됐는가를 다시 확인하라.

- 다시 한 번 감사하라.

고객이 원하는 것은 무엇인가?

'1 · 29 · 300' 법칙이라는 것이 있다. 이는 '하인리히 법칙'이라고 불리는 것이다. 이는 하나의 큰 재해 속에는 경미한 정도의 가벼운 재해나 기미, 즉 '주요 요인'이 29건 있으며 또 그 속에는 300건의 작은 실패나 재해(잠재)요인, 즉 증후들이 존재한다는 것이다.

가령 기업이 만든 제품에 큰 하자가 있다면 그 이면에는 반드시 가벼운 클레임 정도의 실패가 29건 존재하고, 그 29건에는 작은 잠재적 실패요인이나 징후가 300건 정도 들어 있다는 것이다. 작은 실패나 징후를 방치하거나 숨기면 결국엔 더 큰 화를 자초한다는 이야기다. 고객의 작은 불만도 소홀히 여겨서는 안 된다.

출문여견대빈(出門如見大賓)이란 말이 있다. "밖을 나서는 순간 마주치는 모든 사람을 큰 손님으로 섬기듯이 하라"라는 뜻이다. 성공하는 사람은 똑같은 현상을 보더라도 남들과 달리 보고, 바꿔 보고, 삐딱하게 본다. 이젠 고객을 단순히 물건을 사주는 구매자로 볼 것이 아니라 "고객은 신(神)이다."라고 생각해야 할 것이다.

당신은 진정 고객을 아는가? 진솔하게 자문해보라. 당신이 성공하려면 고객의 마음을 읽어야 한다. 고객의 마음을 훔치려면 하루 세 번 이렇게 외쳐보라!

"What customers want?"

2 _ 내 눈앞에는 250명의 고객이 있다

미국 카네기 멜론 대학에서 흥미로운 조사를 한 바 있다. 인생에서 실패한 사람 1만 명을 대상으로 조사를 해보았는데, 대상자 중 85퍼센트에 달하는 사람들이 자기의 실패 원인을 다름 아닌 원만치 못한 인간관계로 돌렸다는 것이다. 이는 지식, 능력, 기술이 아무리 뛰어나다 할지라도 인간관계가 좋지 못하면 성공할 수 없음을 잘 시사하고 있다.

한 가지 더 재미있는 연구가 있다. '미국 보스턴 대학의 40년 연구'라는 것인데, 이 대학의 헬즈만 교수가 7세 어린이 450명을 선정하여 40년 후 이들의 사회 경제적 지위, 즉 출세 여부를 조사해보았다. 그런데 이들의 출세 및 성공을 가장 잘 설명해준 변수는 1) 타인과 어울리는 능력, 2) 좌절을 극복하는 태도, 3) 감정 통제 능력으로 나타났다. 이 또한 개인이 성공하고 출세하는 데 대인관계가 중요한 몫을 차지한다는 점을 보여준 사례이다. 성공하기 위해서는 무엇보다 인간관계를 잘 구축해야 한다.

고객을 만나기 위한 방법

인간의 만남에는 여러 가지 종류가 있다. 우선 지연과 학연이 있고, 직장을 통한 동료와 선후배 사이의 만남, 종교단체나 각종 모임에서의 만남, 지인의 소개, 동호회, 인터넷 등 무수한 만남의 고리가 존재한다. 지금까지 맺어온 만남들을 몇 가지 유형으로 정리해보라. 그런 과정을 통해 당신이 앞으로 어떠한 고리를 이용해야 할지 감을 잡을 수 있을 것이다. 이는 새로운 만남을 계획하는데 꼭 필요한 일이며, 고객을 발견하는 첫 단추가 되어줄 것이다.

1. 자연적인 만남

이는 나의 의도나 생각과는 상관없이 살면서 필연적으로 만나게 되는 인연이다. 가장 대표적으로는 가족을 들 수 있다. 그리고 지금껏 만나왔던 모든 인연을 이 유형에 포함시킨다. 어린 시절의 친구나 대학교에서 만난 친구와 선후배, 지금까지의 직장생활에서 만난 사람들이 모두 포함된다.

이 유형에 대해 우리가 할 일은 관계를 지속하고 복원하는 것이다. 대학 시절 친구에게 다시 연락을 하고, 옛 직장동료와 정기적인 만남을 갖는 것이 모두 '자연적인 만남 관리하기'다.

2. 자발적인 만남

자발적인 만남은 내가 의도적으로 어떤 모임에 참석하거나 강연을 듣는 등의 활동으로 이루어지는 만남이다. 이는 불특정한 대상을 만나기 위해 사람들이 모이는 곳으로 내가 직접 찾아감으로써 이루어진다. 조찬 포럼이나 최고경영자 과정에 참여하는 것도 좋은 만남 형성을 위한 노력이라 할 수 있다. 인터넷 동호회에 가입하거나 포럼에 참석하여 인간관계의 폭을 넓히는 것도 좋은 방법이다.

3. 특정인에 대한 계획적 만남

이는 구체적인 계획을 가지고 특정인에게 접근하는 것이다. 만나고자 하는 고객이 정해져 있다는 점에서 위의 불특정 다수에 대한 만남과 차이가 있다. 이러한 만남은 지인의 소개나, 직접적인 이메일 또는 전화 연락, 그리고 상대방이 활동하는 단체 가입 등의 방법으로 이루어진다.

4. 연계적인 만남

연계적인 만남은 기존 고객이나 지인의 소개로 만남이 이루어지는 경우다. 또 이미 형성된 모임의 구성원이 확장될 수도 있다. 이러한 연계적인 만남을 위해서는 평상시에 좋은 관계를 형성해두는 것이 좋다. 한 사람의 고객을 성실히 대했을 때 그 고객은 다른 많은 고객을 소개해주는 인간 고리가 되어준다.

5. 나를 찾아오는 만남

일방적으로 고객을 쫓아가기만 하는 만남에 만족해서는 안 된다. 궁극적으로 나를 찾아오는 만남이 늘어야 고객관리에 성공했다고 할 수 있다. 유명인이나 전문가에게는 이러한 만남이 많다. 나라는 사람 자체가 브랜드가 되었을 때 만남을 요청해 오는 사람이 많아진다. 이는 꾸준한 자기성장의 노력을 통해 이루어질 수 있으며, 자신을 알리는 데도 적극적이어야 한다.

6. 우연한 만남

이는 여행에서 우연히 이루어지는 만남이나, 출퇴근길에 옆자리에 앉게 되는 것 등 의도하거나 계획하지 않은 만남을 의미한다. 옷깃이 스치는 것도 인연이라고 했다. 폭넓은 고객을 만들고 싶다면 이런 만남도 그냥 지나쳐서는 안 된다. 모든 만남에 관심을 기울이고 최선을 다해야 한다.

250명의 법칙

성공적인 인간관계의 법칙 중 '250명의 법칙' 이란 것이 있다.

미국에서 자동차 세일즈로 크게 성공한 조 지라드(Joe Girard)는 12년 동안 연속 기네스북에 오를 정도로 뛰어난 세일즈맨이다. 그가 자동차 판매 일선에서 뛸 때는 하루 평균 6대, 12년 동안 1만3000여 대의 판매 기록을 세웠다.

조 지라드는 자신과 거래한 고객들이 나이가 들어 세상을 떠나게 되면 고인에 대한 감사를 표하고 명복을 빌기 위해 고인의 상가에 갔다. 그는 상가에서 다음과 같은 사실을 발견했다. 고인의 상가에 오는 사람들이 대략 250명 정도 된다는 것이었다.

당신도 가만히 생각해보라. 당신의 지인 중 한 사람이 운명했다고 하자. 그 사람이 당신에게 큰 도움을 주었거나 은혜를 받은 적이 있다면 그 사람 상가를 찾을 것이다. 결국 상가에 조문하는 이는 고인과 아주 친한 사이였을 것이다.

조 지라드는 미국인들이 평생 동안 대략 '250명과 친한 인간관계를 맺는다'는 것을 파악해냈다. 조 지라드는 바로 이 점을 주시했다. 그는 이후로 만나는 고객 한 사람마다 250명을 상대하듯이 정성껏 대했다. 그 고객이 잘 알고 지내는 사람이 무려 250명이나 되기 때문이다. 한 사람을 대할 때 250명을 상대하듯이 정성껏 대하라는 것이 바로 '250명의 법칙'이다.

6만2500명의 인(人)프라 구축하기

자동차 영업사원에게 한 사람의 고객은 약 1억 원의 가치가 있는 존재다. 사람은 평생 살면서 7대의 자동차를 구입하고, 그 가격을 모두 합치면 약 1억 원이 되기 때문이다. 여기에 '250명의 법칙'을 적용하면 그 고객의 잠재 가치(Life Time Value)는 무려 250억 원이나 된다.

오늘부터 만나는 사람이 누구든 250명을 대하듯 정성을 다해 대하라. 이는 좋은 '인적 자산'을 만들어가는 일이다. 그렇게 250명을 대했다면 간단히 산술적으로만 보아도 '250명×250명=6만2500명', 즉 6만2500명에 달하는 인(人)프라를 구축한 것이나 다름없다.

이처럼 성공의 길라잡이는 다름 아닌 좋은 인간관계다. 인간관계가 좋으면 성공한다는 이야기다. 휴먼 네트워킹(Human Networking: 인간관계 구축)을 잘하느냐 못하느냐에 성공 여부가 달려 있다고 보면 될 것이다. 조 지라드는 우연을 인연으로, 우연을 필연으로 만들어가는 데 이 '250명의 법칙'을 이용했다.

명심하라. 나의 미래 고객 250명이 지금 내 눈앞에 있다.

3 _ 고객을 믿게 하려면 자신을 먼저 믿어라

20세기에는 상품을 팔았다. 그러나 21세기에는 정보를 팔아야 한다. 판매왕들은 이구동성으로 "팔지 말고 고객이 스스로 사도록 하라"고 조언한다. 어떻게 해서든지 고객에게 도움이 되는 사람이 되어야 한다는 이야기다. 365일 24시간 내내 '어떻게 하면 고객에게 도움이 될까?'를 생각하라. 고객에게 도움이 되기 위해서는 전문 컨설턴트가 될 수 있어야 한다. 그러기 위해선 골드 컬러로 당신을 염색해야 한다. 이제 상품을 직접 파는 게 아니라 당신 자신을 파는 세상이다. 제품을 팔았다고 모든 것이 끝난 게 아니다. 다른 이들과 차별화되는 무언가를 제공해야 한다. 내가 알고 있는 기술을 고객에게 공짜로 제공하는 것도 그중 하나다. 고객에게 전문 서비스를 제공하는 것은 감격을 파는 일이다.

자기에 대한 믿음이 우선이다

인간관계에 있어 가장 중요한 것은 바로 정직을 바탕으로 한 신뢰 형성이다. 바로 '믿음'이라는 부분이다. 다른 사람과의 관계에 있어, 특히 자신을 '영업의 CEO'라는 최고의 브랜드로 내

세우고자 하는 데 있어 가장 중요한 믿음은 '스스로 자신을 믿는 것' 이다. 누구나 남에게 믿음의 대상이 되길 원하지만, 실제로 그것은 그리 중요치 않다. '나 = CEO' 를 브랜드화하는 부분에 있어서는 더욱 그렇다. 성공의 결정타는 결국 자신의 믿음이다.

그렇다면 '자기믿음' 은 어떻게 형성되는가? 자기믿음은 결국 자신의 행동이 자신이 주장하는 가치나 신념, 확신과 딱 맞아떨어져 일치될 때 나오는 '자아존중' 에서 시작된다. 즉 '가치+신념+확신=자신의 행동' 이라는 믿음 공식에서 비롯된다.

자신의 상황에 맞는 적절한 판단이나 행동을 하지 못한다는 건 이미 자기 자신을 잃었음을 의미한다. 이런 사람에게서 자아존중을 기대하기란 힘들다. 또한 무의식중에 생기는 자기불신은 당연한 절차로 다가온다. 이를 해결할 수 있는 방법은 결국 자신의 판단과 행동 사이의 괴리를 줄이는 것이다. 생각과 현실 사이에 빠져 허우적거리는 건 시간낭비에 불과하며 자기신뢰를 까먹는 일밖에는 되지 않는 까닭이다.

나의 얼굴은 '나' 라는 브랜드의 간판이다

자신을 존중하고 자신을 믿는 사람이 타인으로부터 존중과 믿음을 받는 것은 당연한 수순이다. 왜일까? 그로부터 진실성이 흠

빽 묻어나기 때문이다. '나 = CEO' 라는 브랜드가 과장이나 포장이 아닌 진실의 브랜드로 다가가기에 타인에게 인정받을 수 있는 길이 넓어지는 것이다.

링컨은 이 진실성이란 부분을 나이에 따른 얼굴로 표현한다. "나이 40세가 되면 자기 얼굴에 책임을 질 줄 아는 사람이 되어야 한다"고 한다. 이 말의 뜻인즉, 40세 전까지는 태어날 때의 얼굴로 살아가지만 마흔을 넘기면서부터는 자신이 살아온 모습대로 얼굴이 만들어진다는 것이다. 얼마나 진실하게 살아왔는가, 얼마나 성실하게 살아왔는가에 따라 자신의 얼굴이 결정되고, 그 얼굴이 자신을 가장 먼저 보여주는 CEO 브랜드 간판으로 작용하는 것이다.

지금 거울을 한번 들여다보라. 지금 당신의 얼굴에 '믿음과 진실'이 자리하고 있는가?

신뢰란 무엇인가?

그렇다면 우리가 누군가를 신뢰한다고 할 때 그 사람의 무엇을 믿는 것일까? 그리고 당신이 어떻게 하면 상대로부터 신뢰를 얻을 수 있을까? 이는 무엇보다 신뢰에 대한 명확한 이해가 있어야 윤곽을 잡을 수 있을 것이다.

1. 신뢰는 '정직·투명'이다

상대가 말하는 명분의 속셈이 명확히 보이지 않고는 그를 신뢰하기란 불가능하다. 자신의 계획이나 정보를 내보이지 않고 숨기려 드는 사람을 누가 신뢰할 수 있겠는가. 디지털 시대에는 아날로그 시대와는 달리 뱃속이 훤히 보이는 사람이 신뢰를 받을 수 있다. 때문에 정직의 또 다른 이름은 '비참함'이라 할 수도 있을 것이다. 구성원이나 고객 등에게 자신의 단점이나 거짓됨, 자신의 과오들을 꾸밈없이 보여주어야 하기 때문이다. 이는 어찌 보면 비참한 일일 수 있다. 상대가 이를 미끼로 자신을 함부로 대하면 어쩌나 하는 생각도 들 것이다. 하지만 세상 사람들은 진실에 약한 법이다. 자신을 바로 볼 줄 알고 그를 바탕으로 다시 전진할 용기가 있는 사람에겐 신뢰라는 덤이 듬뿍 돌아온다.

2. 신뢰는 '자기 실력'이다

사람이 좋다고 믿음을 받던 시대는 지났다. 마음이 착하다고 해서 무능을 숨길 수는 없는 법, 자신을 대표할 수 있는 확실한 실력이 바탕이 되어야 한다. 자신이 가진 능력을 벗어난 주장이나 확신은 동기가 어떠하든 오히려 불신의 원인으로 작용할 수 있다. 자칫 뜬구름 잡는 사람처럼 보일 수도 있다.

자신을 주장하고자 할 때, 자신의 포부를 말하고자 할 때 일단 자신의 능력부터 생각해야 한다. 이런 점에서 보면 이제 CEO는 실력 덩어리가 되어야 할 것이다. 실력 없이는 아무것도 할 수 없기 때문이다.

3. 신뢰는 '책임' 이다

'잘되면 자기 탓, 못 되면 조상 탓' 하는 사람은 절대 자기 탓으로 돌릴 기회가 오지 않는다. 다음번에 다시 실패할 확률이 아마도 99.99퍼센트일 것이기 때문이다. 자신의 잘못이나 실패에 대해 깨끗하게 백기를 들고 어떻게 책임져야 할지를 생각하는 사람이 신뢰받을 자격이 있는 사람이다. CEO로서 실책을 했으면 당당히 책임을 지고 물러날 줄도 알아야 한다.

이루어질 거라고 확신하라

'긍정적인 표현과 시각화(Visualization)' 에 대한 이야기가 있다. 긍정적으로 생각하고 말하다 보면 그것이 잠재의식 속으로 들어가 자신이 느끼고 생각하는 방식에 대한 프로그램을 머릿속에 형성한다는 것이다. 믿음에 대한 확신의 프로그램으로 형성되어 있기에 행동 역시 그를 따라간다는 것이다.

믿음이란 가능성에 대한 확신이다. 무엇인가를 믿고 그것이 이루어질 것이라 확신하며 긍정적인 사고를 지속하면 가능성의 저울은 당신에게 기운다. '나는 할 수 있다', '나는 된다' 라는 강한 믿음은 가능성을 잡아당기는 자석이나 다름없다.

자신을 움츠러들게 하는 제한적 믿음을 '무한의 믿음' 으로 바꿔야 한다. CEO로서 당신이 인정받는 믿음의 상징이 되느냐, 불신의 천덕꾸러기가 되느냐는 일단 당신이 긍정적인 사람인지 그렇지 않은지가 좌우함을 명심하라.

그리고 당신이 갖고 있는 부정의 질문은 모두 긍정의 것으로 바꾸는 작업을 꾸준히 하라. '나는 왜 성공하지 못할까?' 가 아니라 '성공하려면 어떻게 해야 할까?' 다. '이 사업이 실패하면 어떻게 할까?' 가 아니라 '실패하지 않으려면 어떻게 해야 할까?' 다. 긍정과 믿음이 가지고 있는 잠재적 능력은 무한하다.

시련 속에도 길은 있다

아무리 잘나가는 인생이라 해도 시련이나 불안 한번 통과하지 않는 경우는 없었다. 누군가 자신에게는 시련이 없었다고 한다면 그건 인생의 묘미를 포기했다고 봐야 옳을 것이다.

중요한 것은 이 난관이란 놈을 어떻게든 통과해야 한다는 것이다. 사람이란 원래 약해빠진 동물인지라 조금만 불안하고 초조

하면 "안 되면 어쩌지?", "정말 할 수 있을까?" 등등 방정맞은 생각부터 하고 만다. 하지만 성공이 그리 쉽지 않듯 실패도 그리 쉽게 오지 않는다. 실패의 여신 역시 늘 빠져나갈 수 있는 가능성의 문은 열어둔다. 다만 당신이 우왕좌왕하느라 그 문을 찾지 못할 뿐이다.

전래동화들을 생각해보자. 깊은 산속에서 나그네가 길을 잃었다. 춥고 배고프고 무섭지만 나그네는 한 가지 믿음을 가지고 있다. 계속 가다 보면 사람 사는 집이 나올 것이라고. 결국 굶어죽은 나그네도, 나무꾼도, 선비도 없다. 꼭 빈 집 하나는 나타난다. 물론 귀신의 집이라서 곤혹을 치르긴 해도 죽은 사람은 없지 않은가. 필자는 전래동화 주인공들이 살아남는 이유는 정신을 바짝 차렸기 때문이 아닐까 생각한다. 어떻게든 악조건의 상황을 벗어나려 몸부림쳤고, 벗어날 수 있는 가능성의 문을 발견한 것이다. 당신이 펼쳐가는 경영도 그렇다. 분명 악조건 속에 헤매는 때는 온다. 그러나 성공할 수 있다는 확신보다 강한 악조건은 없다.

하는 일마다 제대로 되는 일이 없는 한 유태인이 유명한 랍비를 찾아갔다.

"내가 하는 모든 일 중에 절반도 되는 것이 없습니다. 어떻게 해야 할지 지혜를 알려주십시오."

랍비는 이렇게 조언해주었다.

"뉴욕타임스 연감 1970년 판 930페이지를 찾아보면 그곳에 그 지혜가 적혀 있을 것이다."

그는 허겁지겁 달려가 연감을 찾아보았다. 그러나 거기에는 유명한 야구 선수들의 타율밖에 적혀 있지 않았다. 그것이 어떻게 자신의 고민을 해결해주는 지혜가 되는지 알 수가 없어 그는 다시 랍비를 찾아갔다.

랍비는 미국 최강의 타자인 '타이커브'의 타율이 얼마냐고 물었다.

"3할 6푼 7리로 나와 있습니다."

랍비가 말했다.

"그것이 바로 당신이 알아야 할 지혜다. 세계 최강 타자의 타율이 3타석 1안타인데, 하는 일마다 성공률이 절반 가까이 된다면 자네는 5할 대의 타자가 아닌가? 인생도 야구와 같은 것이다."

믿음의 나무를 심어라

세계적인 경영 컨설턴트 톰 피터스는 "믿음은 흰 페인트요, 의심은 검은색 페인트다. 흰색과 검은색을 섞어 회색을 만들어본 적이 있는가? 검은색을 더욱 밝게 하려면 엄청난 양의 흰색 물감이 필요하다. 흰색은 검은색 붓을 한 번 갖다 대기만 해도 금방 회색이 되어버린다."고 말했다. 믿음에 의심이 한번 섞여들면 다시 원래의 믿음으로 돌아오기가 힘들어진다는 것. 자신에 대한 믿음도 그렇고, 상대에 대한 믿음도 그렇다.

달리기 기록에도 이런 진리는 있다. 100년이 넘도록 1600미터를 4분 내에 달리는 건 선수들의 꿈이었다. 하지만 정말 꿈이었을 뿐, 모두들 불가능하다는 생각을 가지고 있었다.

과학계와 스포츠계, 의학계도 모두 인간의 육체적 한계 때문에 그것은 불가능하다고 판단했다. 하지만 1954년 5월 6일, 의대생인 로저 배니스터는 3분 59.4초라는 기록으로 불가능을 현실로 만들었다.

어떤 일을 두고 반드시 이루어진다고 강하게 확신할수록 그 사람의 믿음은 더 강해지며 실현 가능성의 수치 역시 함께 높아진다. 위기 경제의 시대다. 국가든 기업이든 가정이든 서로가 동반자가 되지 않고는 어떤 일도 진척하기 힘든 시기다. 누구에게나 신뢰와 믿음의 가치가 100퍼센트 절실하다.

당신이 펼쳐가는 영업에 믿음이라는 나무를 심고, 당신이 먼저 믿음의 충실한 보증수표, 나아가 '믿음의 마크'가 되어보라. 그것을 위해 다음의 '믿음 액션 3'을 매일 실천하라.

- 당신이 당신을 믿는지 스스로에게 물어보라.

- 행동하는 데 있어 믿음을 줄 수 있도록 당신에게 최선을 다하라.

- 항상 진실만을 얘기하라. 진실은 최고의 경쟁 무기이고, 부가가치가 될 수 있다.

4 _ 새로운 것, 다른 것을 구현하라

세상에는 네 종류의 사람이 있다고 한다. 첫째는 '지부형'으로 지혜롭고 부지런한 사람이다. 둘째는 '지계형'으로 지혜는 있으나 게으른 사람이다. 셋째는 '어부형'으로 어리석고 부지런한 사람이다. 마지막은 '어계형'으로 어리석고 게으른 사람이다.

성공을 만드는 사람은 바로 지부형이고, 실패를 만드는 사람은 어부형이다. 중요한 것은 부지런하다고 다 좋은 건 아니라는 것이다. 잘못된 부지런함은 게으름만도 못하다. 특히 어리석은 사람이 부지런을 떨면 그건 큰일로 이어진다.

《부자 아빠 가난한 아빠》의 저자로 우리에게 잘 알려진 기요사키가 가르치는 수업시간에 그는 학생들에게 이런 질문을 했다.

"여러분 가운데 맥도날드보다 햄버거를 더 잘 만드는 사람이 있습니까?" 이 질문에 거의 모든 학생들이 손을 들었다. 그러자 기요사키가 다시 물었다.

"이렇게 많은 분들이 맥도날드보다 더 맛있는 햄버거를 만드는데 어째서 맥도날드가 여러분보다 더 돈을 많이 벌까요?"

학생들이 이 질문에 답을 하지 못하자 기요사키는 분명하게 말했다.

"그렇게도 많은 인재들이 가난한 이유는 그들이 더 좋은 햄버거를 만드는 데만 신경을 쓰고 사업 시스템에 대해 거의 모르기 때문입니다."

생각이 돌아야 손도 돈다

옛날에 요상하고 야릇한 작은 마을이 있었다. 그곳은 살기에는 좋은 곳이었지만 한 가지 문제가 있었다. 이 마을은 비가 와야만 물을 구할 수 있었다. 이 문제를 완전히 해결하기 위해 마을 장로들은 마을에 매일 물을 날라주는 공급자를 구하는 입찰을 내기로 했다. 두 사람이 이 계약을 따겠다고 나섰고, 장로들은 두 사람 모두에게 계약을 허락했다. 장로들은 약간의 경쟁이 가격을 낮추고 만일의 사태에 대비할 수 있을 것이라고 생각했다.

이 계약을 따낸 첫 번째 사람은 스미스라는 사람이었다. 그는 즉시 달려가 튼튼한 강철 양동이를 두 개 샀다. 그러고는 마을에서 1마일 가량 떨어진 호수로 가는 길을 왕복하기 시작했다. 그는 즉시 돈을 벌기 시작했다. 스미스는 아침부터 저녁까지 열심히 일을 하며 두 개의 양동이로 호수에서 물을 날랐다. 그는 마을에서 만든 커다란 콘크리트 물탱크에 물을 채웠다. 매일 아침 스미스는 누구보다 일찍 일어나 마을 사람들이 충분한 물을 사용할 수 있도록 애썼다. 그것은 힘든 일이었지만 스미스는 돈을 벌 수 있다는 것과 이 사업의 절반치의 독점권을 따냈다는 사실에 기분이 아주 좋았다.

두 번째로 계약을 딴 사람은 브라운이라는 사람이었다. 그는 한동안 마을에서 사라져 여러 달 동안 모습을 보이지 않았다. 그 동안 스미스는 경쟁자가 없어서 기분이 무척 좋았다. 그러면 브라운은 도대체 무엇을 하고 있었을까?

그는 양동이 두 개를 사는 대신 사업 계획을 짜고, 기업을 만들고, 투자가 네 명을 모으고, 그 일을 할 사장을 구했다. 그리고 6개월 후에 건설 팀과 함께 마을로 돌아왔다. 브라운 팀은 1년 동안 아주 두꺼운 강철 송수관을 건설하여 마을과 호수를 연결했다. 그리고 테이프를 끊던 날 자신의 물이 스미스의 물보다 더 깨끗하다고 선언했다. 브라운은 스미스의 물에 먼지가 있다는 불평이 있음을 알고 있었다. 그는 또 마을에 일주일 내내 하루 종일 물을 공급할 수 있다고 선언했다. 스미스는 평일에만 물을 공급할 수 있었고 주말에는 일을 하지 않았다. 이어서 브라운은 질이 더 좋고 공급도 더 안정적인 자신의 물을 스미스보다 75퍼센트 싼 값에 공급하겠다고 선언했다. 마을 사람들은 환호하면서 브라운의 송수관 끝에 있는 수도꼭지로 달려갔다.

스미스는 브라운과의 경쟁에서 이기기 위해 즉시 물 값을 7퍼센트나 낮추었다. 그는 양동이를 두 개 더 사고 양동이에 뚜껑도 달았다. 그러고는 매번 양동이 네 개를 운반하기 시작했다. 반면에 브라운은 이 마을에 물이 필요하다면 다른 마을에도 물이 필요할 것이라고 생각했다. 그는 다시 사업 계획을 짜서 자신의 고속도, 고용량, 저비용의 깨끗한 물 공급 시스템을 전 세계의 마을에 팔러 다녔다.

스미스는 한 양동이의 물 배달로 1센트밖에 벌지 못했지만, 브라운은 매일 수십억 양동이의 물을 공급했다. 그가 일을 하건 안 하건 수십억의 인구가 수십억 양동이의 물을 소비했다. 그리고 그 많은 돈은 그의 은행 계좌로 들어왔다. 브라운이 개발한 송수관은 마을에 물을 공급할 뿐 아니라 그에게 돈도 공급해주었다. 브라운은 그 후 오랫동안 행복하게 살았다. 그러나 스미스는 평생 일만 하면서 영원토록 경제적 곤란을 겪었다.

남들과는 다른 생각을 하라

독립운동가이자 참기업인인 유일한 박사의 일화를 소개하겠다. 유 박사는 미국 유학 시절에 창업을 했다. 그는 미국에 거주하는 중국인을 비롯해서 수많은 동양 사람들이 숙주나물을 좋아하면서도 쉽게 상하는 까닭에 제대로 소비를 못하는 것을 보고 숙주나물을 장기 보관할 수 있는 깡통으로 된 상품을 만들었다. 중국음식점의 숙주나물 수요에 비해 공급이 부족하니 통조림으로 만들어 대량 공급하겠다는 것이 그의 발상이었다.

유 박사는 은행에서 융자를 받았으나 광고가 문제였다. 미국인들에게 숙주나물은 매우 낯선 음식물이었기 때문이다. 이런저런 고민 끝에 그는 이런 생각을 해냈다.

"옳거니! 그렇게 하면 틀림없이 숙주나물이 널리 알려지게 될 거야!"

이튿날 유 박사는 트럭에 숙주나물을 가득 싣고 번화가에 있는 어느 상점의 쇼윈도를 적당히 들이받아 교통사고를 냈다. 다음 날 신문에는 "숙주나물 트럭 사고, 숙주나물은 중국음식에 꼭 필요한 재료"라는 기사가 보도되었다. 미국인에게는 낯설기만 한 숙주나물이 길가에 쏟아졌으니 그것이 무엇인가에 대해 관심이 집중되었던 것이다. 동시에 신문에서는 그런 숙주나물을 취급하는 라초이 회사에 대해서도 간략하게나마 소개하였다.

교통사고 이후 숙주나물은 날개 돋힌 듯이 팔려나갔고, 유 박사는 1925년까지 50여 만 달러의 거금을 벌었으며 그 이익 중 일부를 독립운동에 지원했다. 미국 슈퍼마켓의 음식재료 코너에서 지금도 흔하게 볼 수 있는 '라초이'라는 상표가 바로 유일한 박사가 미국에서 시작한 회사의 이름이다. 유 박사는 이 사업에서 당시로서는 큰돈인 100만 달러를 번 후 귀국해 유한양행을 창립했다.

진한 향으로 유명한 중국의 명주 마오타이주[茅台酒]가 세계적으로 이름이 알려지기 전의 일이다. 중국은 프랑스에서 열린 세계주류품평회에 마오타이주를 출품했다. 멋진 병에 담긴 세계 각지의 유명한 술 가운데 마오타이주는 한쪽 구석에 초라하게 자리 잡고 있었다. 누런 호리병에 담긴 낯선 중국산 술을 주목하는 사람은 아무도 없었다.

많은 술의 판매계약이 마무리되고 품평회의 파장이 가까워지자 중국 측은 다급해졌다. 그때 대표단원 한 사람이 번뜩이는 아이디어를 냈다. 그는 진열된 마오타이주 한 병을 일부러 바닥에 떨어뜨렸다. 물론 마오타이주에서 나오는 진하고 독특한 향기가 온 실내를 덮었다. 그제야 마오타이주의 진가를 알아본 각국의 주류 전문가들은 다투어 구매를 의뢰하기 시작했다.

발상의 전환이 필요하다

당신이 사과 과수원을 운영하는 농원 주인이라고 해보자. 한 해 동안 열심히 가꿔서 가지마다 사과가 탐스럽게 열렸다. 당신은 정성을 다해 열심히 보살폈다. 그리고 이제 수확을 눈앞에 두고 있다.

그런데 어느 날 밤 태풍이 당신의 과수원을 강타하여 당신의 금쪽같은 탐스러운 사과들이 거의 다 떨어지고 말았다. 가지마다 강인한 사과만 몇 개 대롱대롱 매달려 있었다. 동네사람들은 올해 농사는 다 끝났다며 땅을 치고 울었다. 이때 당신이라면 어떻게 대처하겠는가? 하늘이 도와주지 않는다고 푸념하며 떨어진 사과로 잼이나 만들어 먹을 것인가?

우리나라 대구와 마찬가지로 유명한 사과 산지인 일본의 아오모리 현에서도 이런 일이 발생했다. 농사를 망친 농부들은 모두 땅을 치고 한탄했다. 그런데 그중 한 농부가 발상을 바꿔 기막힌 생각을 해냈다. 이 농부는 떨어진 사과보다 매달려 있는 사과에 초점을 맞춘 것이다.

이 농부는 입시와 사과를 연결해보았다. 엄청난 태풍에도 떨어지지 않고 매달려 있는 사과를 다르게 보기 시작한 것이다. 우리나라도 대학입시가 치열하지만 당시 일본은 그야말로 입시 지옥이었다. 농부는 이 사과에 '합격'이라고 써서 예쁘게 포장을 한 뒤 시장으로 내갔다. 그리고 "이 사과를 먹으면 절대 떨어지지 않는다"고 광고했다. 농부는 조금 남은 사과를 아주 비싸게 팔아 소위 대박을 터뜨렸다. 이러한 발상의 전환이 그 농부의 운명을 바꿔놓았다.

당신의 머리를 재부팅하라

1914년 12월, 에디슨이 예순일곱 살 때 그의 실험실에 화재가 발생했다. 그 하룻밤의 화재는 에디슨의 필생의 과업을 다 재로 만들어버렸다. 손해액은 200만 달러가 넘었지만 보상금은 겨우 23만8000달러였다. 그러나 실험실이 화재에 휩싸였을 때 에디슨은 당황하지 않았다. 차분하게 그 불타는 광경을 지켜보고 있었다. 게다가 에디슨은 그의 아들 찰스에게 어머니를 불러오라고 했다. 이런 굉장한 광경은 다시 볼 수 없을 것이라는 것이 그 이유였다.

다음 날 아침, 에디슨은 폐허가 된 실험실을 바라보며 이렇게 중얼거렸다.

"재난도 가치가 있지. 내 모든 실수가 다 타버렸으니까. 하나님, 제가 다시 시작할 수 있게 해주셔서 정말 감사합니다."

화재가 나고 3주 후 에디슨은 최초의 축음기를 세상에 내놓았다. 이러한 사례들을 보고 무엇을 느낄 수 있는가? 세계적인 기업 소니의 기획실에는 다음과 같은 캐치프레이즈가 전통적으로 내려오고 있다. 바로 "Something New, Something Different"다. 뭔가 다르게, 새롭게 생각하면 다른 결과를 얻을 수 있다.

다소 엉뚱한 문제를 내보겠다. 이는 국내 한 대기업 면접시험에서 나온 질문이다.

"3차 세계대전이 일어나 변호사 부부와 여대생, 소설가, 경찰, 여배우, 목사, 프로 축구선수, 과학자가 살아남았다. 이 중 7명만 과학자가 만든 캡슐로 들어갈 수 있다. 당신이 최고 결정권자라면 누구를 선택하겠는가?"

이 기업은 뻔한 정답보다는 지원자의 위기대처능력, 창의력, 순발력을 평가하고자 했던 것이다.

"Something New, Something Different."

당신이 하는 모든 일에 이 말을 적용해보라. 당신의 사고방식을 재부팅해보라.

5 _ 당신이 쓰지 않던 근육을 써라

이런 말이 있다.

"생긴 대로 사는 것이 아니라 사는 대로 생긴다."

이 말은 우리의 얼굴이 조상으로부터 주어진 대로 생긴 것도 있지만 살아가는 방식에 따라 얼굴 모양도 변한다는 것이다. 그런데 재미있는 건 부모님이 주신 얼굴을 우리가 맘대로 바꾸거나 고치거나 할 수는 없는 노릇이지만 얼굴에 놓인 표정은 맘대로 바꿀 수 있다는 것이다. 그러니까 중요한 것은 '얼굴이 아니라 표정'이다.

먹고 사는 일로도 바쁜 세상인데 무슨 표정까지 신경 쓰냐면서 "그냥 생긴 대로 살면 되는 것 아니냐?" 하는 분들도 있을 것이다. 물론 그런 생각이 들 수도 있다. 그런데 세상은 혼자서는 살 수 없는 노릇이다.

먹고 사는 것도 나 혼자서는 안 되며, 누구하고든 관계 또는 거래를 하면서 살아야 한다. 그것이 비즈니스라면 더더욱 표정 관리가 중요하다. 살아가는 데는 물론 비즈니스를 하는 데는 표정 관리가 중요하다는 말씀이다.

표정은 내 뜻대로 바꿀 수 있다

우리나라 사람들은 대개 무표정한 얼굴을 하고 있다. 그런데 가만히 생각을 해보라. 비즈니스를 할 때 표정이 밝은 상대가 좋은지, 아니면 무뚝뚝한 표정을 하고 있는 상대가 편하지를 말이다. 아마도 표정이 밝은 사람에게 더욱더 신뢰가 갈 것이다.

언젠가 모 대학에서 취업 특강을 할 때이다. 강의실 앞줄에서 수업을 듣는 한 학생이 강의시간 100분 내내 전혀 웃지도 않고 얼굴에 어떤 반응도 담지 않는 것이었다. 이렇다 보니 강사로서 이런저런 생각을 하지 않을 수 없었다.

강의 내용이 별로인가? 아니면 방향을 잘못 잡지는 않았는가? 혹시 실수를 하지는 않았는가? 그 학생의 무표정한 표정은 나에게 압박이자 큰 스트레스가 아닐 수 없었다. 물론 그 학생에 대한 나의 생각도 그다지 좋지 않았다.

필자는 이런 생각을 해보았다. 혼자 사는 것이 아니라면 상대를 배려할 줄 아는 사람이 되어야 한다고. 자신의 주어진 얼굴은 어쩔 수 없어도 표정은 마음대로 바꿀 수 있다. 그렇다고 무조건 상대 비위를 맞추기 위해 억지로 표정을 지으라는 말은 아니다. 그렇다면 표정을 잘 지을 수 있는 노하우는 무엇일까?

40개의 안 쓰던 근육을 사용하라

이를 위해서는 평소에 안 쓰던 근육을 사용해야 한다. 사람의 얼굴에는 대략 160여 개의 근육이 있다. 이 중에서 표정을 만드는 데 필요한 근육은 약 40개 정도, 웃는 데 필요한 근육은 16개에 지나지 않는다고 한다. 바로 당신이 잘 쓰지 않는 근육 40개를 쓰면 되는 것이다. 안 쓰던 근육 40개를 어떻게 하면 잘 쓸 수 있겠는가? 필자는 이것을 내 얼굴에 '성공 코트 만들기'라고 명명했다.

1. 거울을 보라

매일 아침저녁 일터로 나갈 때 거울을 한번 보라. 거울은 거짓말을 하지 않는다. 당신이 보여주는 그대로 되받아 비쳐준다. 무뚝뚝한 얼굴을 보여주면 무뚝뚝한 모습을, 웃는 얼굴을 보여주면 웃는 모습을 돌려준다.

2. 자신감을 담아라

필자는 입사시험을 앞둔 제자들에게 이런 조언을 해준다. 이력서 사진을 찍을 때는 아무 때나 찍지 말고 가장 기분이 좋거나 좋은 일이 있을 때 그때를 놓치지 말고 바로 사진에 담으라는 것이다. 무엇인가를 이루었을 때는 얼굴에 자신감이 넘쳐나기 때문이다. 자신감 있는 표정은 잘생긴 얼굴처럼 후광이 비치기 마련이다.

3. '아, 이, 우, 에, 오' 체조를 하라

이 운동은 어려운 게 아니다. 매일 거울을 보고 '아! 이! 우! 에! 오!' 하면서 한동안 쓰지 않은 근육을 풀어주는 작업을 하는 것이다. 그래야 입의 꼬리 부분이 위로 올라가 밝은 표정이 만들어진다. 여러분도 한번 따라 해보라. 아, 이, 우, 에, 오!

4. 웃어라

웃으면 복이 온다는 말도 있다. 하회탈을 본 적이 있을 것이다. 일단 웃을 일이 있으면 힘차게 웃어보라. 당신이 웃는 데는 16개 근육이면 충분하다. 그러니까 전혀 힘이 들지 않는다는 이야기다. 웃는 얼굴엔 그 누구도 침을 뱉을 수 없다.

5. 상대를 칭찬하라

가만히 생각을 해보라. 누군가를 칭찬할 땐 얼굴이 밝아질 수밖에 없다. 찡그린 얼굴로 남을 칭찬할 수는 없기 때문이다. 칭찬을 하자면 긍정적인 생각을 해야 하고, 긍정적인 생각을 하면 저절로 얼굴에 성공 코트가 만들어진다.

6. 늘 감사하라

서양 격언 중에 이런 말이 있다.

"제일 가르치기 어려운 수학 문제는 우리가 받은 축복을 세어 보는 것이다."

우리가 살면서 감사하지 못하는 것은 감사할 만한 조건이 없기 때문이 아니라 감사를 깨달을 수 있는 능력이 없기 때문이다. 감사를 깨닫지 못하도록 방해하는 것은 교만한 마음, 남과 비교하는 생각, 마음속의 욕망 등이다. 감사와 불평도 습관이다. 감사를 습관화해야 한다. 많이 가진 자가 아니라 많이 깨닫는 자가 많이 감사할 줄 안다.

웃는 얼굴이 성공을 부른다

우리나라 인상학 박사 1호인 주선희 씨의 말이다.

"자수성가형 연예인들은 처음에는 인상이 안 좋은 부분도 있죠. 하지만 인기를 얻고 나서는 얼굴색이 좋아지고 매끄러운 인상을 띠게 돼요. 어려운 환경에 처한 보통 사람들에게 긍정적으로 생각하고 살면 인상이 바뀌고 성공할 수 있다는 걸 얘기하고 싶었어요."

"웃는 얼굴을 하지 않고서는 절대 가게 문을 열지 마라."

유태인에게 내려오는 속담이다.

생긴 대로 사는 게 아니라 사는 대로 생긴다. 당신의 표정이 행복과 성공을 부른다. 오늘은 안 쓰던 근육 운동을 해보자.

6 _ 충성 고객을 얻는 방법은 있나요?

호주의 한 경영자가 일본 생산성 본부를 방문했을 때의 일이다. 그는 마침 잔돈이 필요해 안내 창구에 있는 안내인에게 1만 엔짜리 지폐를 주고 잔돈으로 바꿔달라고 부탁했다. 그러자 그 안내인은 5000엔짜리 지폐 한 장, 1000엔짜리 지폐 네 장, 500엔짜리 동전 한 개, 100엔짜리 동전 다섯 개를 건네주었다. 이와 같은 고객에 대한 배려에 그 경영자는 "바로 이것이 일본의 생산성이구나!" 하고 감탄했다고 한다.

고객을 관리하는 데는 '10 · 10 · 10' 법칙이란 게 있다. 이 법칙은 한 사람의 고객을 유지하는 데 10만 원이 들고, 한 사람의 고객을 잃는 데는 10초밖에 걸리지 않으며, 한 사람의 고객을 다시 찾는 데는 10년이 걸린다는 이야기다. 미국의 갤럽 조사에 따르면 고객 서비스에 불만을 느낀 고객 중 말로 표현하는 사람은 4퍼센트에 불과하다고 한다. 나머지 96퍼센트는 단지 침묵하고 있을 뿐이지만, 그들은 이미 그 기업에서 멀리 떠났다고 보아야 한다.

이처럼 한번 불만을 느낀 고객의 마음을 돌리기란 여간 어려운 게 아니다. 새로운 고객을 얻는 것보다 기존의 고객 마음을 사로

잡는 것이 어렵다는 점을 명심해야 한다. 어떻게 하면 당신의 고객을 영원한 동반자로 유지할 수 있을까? 성공을 부르는 '고객 고정(固定) 9계명' 을 소개한다.

1계명 : 고객 헌장을 만들어라

세계적인 호텔로 알려진 리츠 칼튼 호텔은 고객을 위한 신조로 유명하다.

"리츠 칼튼이 주는 경험은 감각을 되살아나게 하고, 행복을 심어주고, 그리고 표현하지 않는 바람과 니즈(Needs)까지도 충족시키는 것이다."

특히 이 호텔은 직원들의 미션이 아주 강한데 고객에게 절대 '아니오' 라고 말하면 안 된다.

고객에게 감격을 위한 고객헌장이 큰 호텔이나 기업체에만 해당하는 건 아니다. 당신이 무엇을 팔든 고객헌장을 만들어보라.

2계명 : 고객은 항상 옳다고 생각하라

스튜 레오나드 슈퍼마켓은 진열상품의 종류가 600여 종으로 일반 슈퍼마켓의 15퍼센트 수준밖에 되지 않지만, 연간 350만 명의 고객이 최고 30킬로미터 떨어진 곳에서까지 찾아온다. 스튜 레오나드를 이렇게 유명하게 만든 것은 바로 기업이념이었다.

다음이 스튜 레오나드의 기업이념이며, 이것이 돌에 새겨져 있어 사원들에게 변하지 않는 지침으로 내려오고 있다.

규칙 1. 우리의 고객은 항상 옳다.
규칙 2. 만일 뭔가 잘못되었다면, '규칙 1'을 다시 읽어보라.

이 규칙은 '폴리시(원칙) 스톤'이라고 불리는 돌에 새겨져 있는데 4톤이나 되는 이 큰 돌이 점포 입구에 놓여 있다. 여기에는 창업자 스튜의 아픈 기억이 담겨 있다.

점포를 연 지 얼마 안 되었을 때였다. 한 노부인이 어제 산 달걀이 상했다며 반품하러 찾아왔는데 스튜는 이렇게 잘라 말했다.

"우리 가게에서 그런 상품을 팔았을 리가 없습니다. 당신이 잘못 취급한 것이 틀림없습니다."

기가 막힌 노부인은 불같이 화를 내며 돌아갔고, 그때 부인이 했던 말이 그 후 스튜의 사업 방향을 결정지었다.

"나는 이 사실을 알려주기 위해 12마일이나 되는 곳에서 온 거야. 좋아! 내 눈에 흙이 들어가기 전에는 이 가게에 절대로 다시 안 와!"

스튜는 곧 자신이 잘못했음을 깨달았다. 스튜는 그 후 '어떠한 의견이든 고객의 말은 모두 옳다. 예외는 없다. 고객의 목소리대로 경영하자.' 라고 결심하고 폴리시 스톤을 세웠다고 한다.

3계명 : 성공재고(成功在顧)! 고객을 공부하라

고객에 대해 공부를 하라. 우선 고객의 이름을 잘 기억하라. 그러기 위해 고객 카드를 작성하라. 고객 카드에 고객의 특징을 적어 무조건 외워라. 이는 다음에 올 때 고객에게 감격을 주기 위함이다.

전 세계 항공사 중 가장 친절하기로 소문이 난 싱가폴 에어라인의 여승무원들은 탑승 예정 고객의 명단을 입수하여 미리 외워두었다가 여행 시간 동안 고객의 이름을 정겹게 불러준다. 당신이 고객이라면 얼마나 신나는 일인가? 조그만 대접과 배려를 받고 인정받고 싶어 하는 이들이 고객이다. 지금 당장 구구단을 외우듯 당신 고객의 모든 것을 외워라.

4계명 : 고객의 진정한 가치를 알아라

과연 당신에게 고객이란 어떤 존재인가? 우선 고객 1명의 위력을 알아보자. 만약 당신이 자동차를 파는 영업사원이라면 당신의 고객 1명은 1억2000만 원짜리 고객이다. 왜냐하면 보통 사람은 평생 살면서 7대의 자동차를 구입하기 때문이다. 2000cc 승용차의 가격이 1500만 원이라고 가정하면 간단하게 이런 식이 성립된다.

1500만 원×7대=1억500만 원

여기에 자동차 수리비, 부대비용 등을 합하면 다음과 같은 금액이 나온다.

1억500만 원+1500만 원=1억2000만 원

그렇다면 당신의 고객은 얼마짜리인가? 한번 곰곰이 생각해볼 일이다.

5계명 : 고객을 제대로 보라

당신의 고객은 다음과 같은 존재다.

- ●회사가 벌어들인 돈의 105퍼센트가 고객의 호주머니에서 나온다.
- ●상품의 선택 권한은 고객이 쥐고 있다.
- ●고객의 불만은 사소하다.
- ●고객은 99퍼센트의 합격품이 아니라 1퍼센트의 불량품에 불만을 갖는다.
- ●고객의 불만은 오래간다.

- 고객의 불만은 철저하다.
- 27명의 불만자 중 26명은 다시는 안 산다. 이건 저가 상품이나 고가 상품이나 마찬가지다.
- 매장이 살아 있는 이유는 고객 때문이다.
- 고객 이탈률이 5퍼센트 줄어들면 기업의 수익에 미치는 영향은 25~85 퍼센트에 이른다.

6계명 : 감격을 팔아라

소설 《상도》에서 주인공 임상옥이 "장사란 이문을 남기는 것이 아니라 사람을 남기는 것이다"라고 한 말을 기억할 것이다. 제품을 팔았다고 모든 게 끝난 것이 아니다. 고객에게 남과 다른 무언가를 심어주어야 한다. 그러기 위해선 당신이 알고 있는 기술을 고객에게 공짜로 제공해야 한다.

이런 속담이 있다.

"사람에게 물고기를 주면 하루를 먹고 살지만 고기 잡는 법을 가르쳐주면 평생을 먹고 산다."

고객에게 전문 서비스를 제공하라. 바로 제품을 파는 게 아니라 감격을 파는 것이다. 그러니까 'Customer Satisfaction'이 아니라 'Customer Experience'를, 나아가 'Customer Success'를 창출하라는 이야기다.

7계명 : 약속은 비즈니스의 기본이다

일본 혼다 전기공업의 혼다 사장은 약속을 지키는 데 아주 엄격한 경영자다. 어느 날 일본 웰팅 로트의 야마자키 회장과 골프 약속을 했다. 그러나 약속 전날 지나치게 신경을 쓴 탓인지 도무지 잠들 수가 없어 새벽 3시 30분까지 수면제를 무려 세 번이나 복용하고 간신히 잠이 들었다.

새벽 5시경에 일어난 혼다 사장은 약 기운 때문에 의식이 몽롱해 비틀거리면서도 약속 장소에 나갔다. 혼다 사장의 부인이 야마자키 회장에게 미리 연락을 취해 혼다 사장은 약속 장소에 도착하자마자 병원으로 후송되었다. 그러나 혼다 사장은 위세척을 한 후 병원에서 쉬라는 권유도 뿌리치고 필드로 나가 그대로 코스를 돌았다. 혼다 사장은 "이것은 약속이다. 죽었다면 방법이 없지만 이 정도의 일로 약속을 깨서는 안 된다."며 사람들의 만류를 뿌리치며 필드에 나섰다.

당신이 비즈니스로 성공하려면 무엇보다 '약속만사(約束萬事)!' 라는 마인드로 무장을 해야 한다. 약속은 성공 비즈니스의 커트라인이기 때문이다.

8계명 : 차별화로 승부하라

옛날에 어느 부자가 시골 장터에서 장사를 했다. 똑같은 장소에서 같은 가격으로 장사를 하는데 이상하게도 아버지가 만든 짚신이 항상 먼저 팔리고, 그러고 나서야 아들의 짚신이 팔리는 것이었다. 아들은 아버지에게 그 이유를 가르쳐달라고 졸랐지만 아버지는 스스로 깨달아야 한다며 이유를 가르쳐주지 않았다. 아들은 아버지보다 더 빠른 솜씨로 더 많은 짚신을 만들었지만 늘 아버지보다 수입이 적은 것을 이해하지 못한 채 세월이 흘렀다.

그러던 어느 날 아버지는 임종의 순간을 맞이하게 되었다. 아버지는 마지막 숨을 몰아쉬며 아들에게 "털, 털……, 털……"이라는 한마디를 남기고 숨을 거두었다. 아들은 아버지의 그 한마디를 수십 번 되새기면서 깊은 상념에 빠졌다.

아들은 그 뒤 아버지가 만든 짚신과 자신이 만든 짚신을 나란히 놓고 찬찬히 살펴보았다. 아들은 그제야 아버지의 짚신과 자기 짚신의 다른 점을 발견해냈다.

아버지의 짚신에는 잔털이 하나도 없고 마무리가 잘되어 있는 데 반해 자신의 짚신에는 유난히도 잔털이 많다는 것이었다. 아버지가 만든 짚신은 끝마무리가 잘되어 잔털이 없으니 발바닥이 아프지 않아 잘 팔려나갔던 것이다.

요즘은 모두들 어렵다고 한다. 사람들은 뭔가 뜻대로 안 풀리고 힘이 들면 어렵다고만 한다. 그러나 어려운 곳일수록 틈이 있고, 미처 못 보는 사각지대가 있기 마련이다. 남들과 똑같은 생각, 똑같은 행동으로는 이런 틈이 보일 리 없다. 지금까지 해온 얄팍한 발상으로는 버텨나가기 힘든 세상이다. 어설픈 발상의 전환은 이제 약발이 먹혀들어가지 않는다는 이야기다. 차별화를 밥 먹듯 해보라.

9계명 : 비즈니스에 포기는 없다

KFC의 창업주인 커넬 샌더스는 스테이크 전문점을 치킨 전문점으로 바꾸겠다는 야심을 가지고 있었다. 하지만 많은 사람들이 그의 아이디어에 고개를 저었고, 절대 성공하지 못할 거라고 했다. 그가 자금 지원을 부탁했을 때에도 세상 물정을 너무 모른다며 콧방귀를 뀔 뿐이었다.

이처럼 선경지명이 부족한 사람들의 말을 듣고 그가 꿈을 접었을까? 혹은 세상을 탓하며 포기했을까?

오히려 그는 꿈쩍도 하지 않고, 자신의 생각과 꿈을 한 치의 의심도 없이 믿었다. 그는 분명 자신의 뜻을 이해해줄 투자자가 있을 거라고 생각했다. 그는 그런 사람을 만날 때까지 부지런히 돌아다녔다. '노' 라는 대답을 들을 때마다 한 발자국씩 가까워진다고 생각했다. 커넬 샌더스는 천 번이 넘는 퇴짜 끝에 '예스' 라는 대답을 들을 수 있었고, 마침내 꿈을 실현시킬 수 있었다.

사실 세일즈를 하는 데 있어 가장 큰 저항은 '노' 라는 단어일 것이다. 이 '노'라는 대답에 아마추어는 대개 포기를 하기 마련이다. 그런데 '포기'는 세일즈엔 필요 없고, 김치를 담글 때만 필요한 단어이다. 실패도 매한가지다. 실패란 한복집이나 옷을 만드는 곳에서 필요한 단어이다.

이와 같은 사례들은 고객의 중요성을 잘 대변해주고 있다. 고객들의 마인드도 다양해지고 있다. 과거에 만들기만 하면 팔리던 백인일색(百人一色) 마인드에서 일인백색(一人百色)으로 변화해, 변덕이 심한 고객의 마음을 사로잡기가 여간 어려운 게 아니다. 그래서 전문가들은 고객 존중, 고객 만족, 고객 감동 차원을 넘어 이제는 고객에게 감격을 선사하는 고객 감격 시대가 도래했다고 한다. 우리에게 고객은 왕이 아니라 신이나 다름없는 절대적인 존재라는 것이다.

고객이 없는 기업은 생각할 수 없다. 이제 세일즈 전선에서 고객을 단순히 물건을 사주는 구매자로 볼 것이 아니라 '고객은 신(神)'이라고 생각하는 발상의 전환이 필요할 때다. "나는 진정 고객을 아는가?" 진솔하게 자문해볼 일이다.

진정한 세일즈맨은 '빋'이란 글자에서도 점 하나를 더해 고객에게 '빛'을 만들어주는 이들이다.

3장

고객을 내 편으로 만드는 7가지 액션플랜

1 _ 감(感) : 첫 만남에서 좋은 느낌을 갖게 하라

2 _ 청(廳) : 상대의 말을 공감하며 들어라

3 _ 무(無) : 베푸는 데는 끝을 두지 마라

4 _ 찬(讚) : 마음을 열어주는 칭찬 기술을 익혀라

5 _ 긍(肯) : '예스' 를 이끌어내는 대화법을 구사하라

6 _ 화(話) : 최고의 이야기꾼이 되라

7 _ 인(人) : 사람 공부를 하라

1 _ 감(感) : 첫 만남에서 좋은 느낌을 갖게 하라

미국의 한 심리학자가 재미있는 연구를 했다. 술을 마시면 평소와는 정반대로 돌변하는 여인이 있었는데, 그녀는 맨 정신일 땐 겁먹은 조개처럼 몸을 사리다가도 술만 들어가면 끈적거리고, 부대끼고, 흐느적거리고, 휘감기는 야누스로 돌변했다.

심리학자가 그녀의 이중생활을 경험한 주변 사람들을 대상으로 조사를 해보았더니 그녀에 대한 평판은 놀라울 정도로 엇갈리는 것이었다. 그녀가 맨 정신일 때 처음으로 소개를 받아 만난 사람의 80퍼센트는 그녀의 술버릇에도 불구하고 '어쨌든 그녀는 정숙하다' 고 믿어 의심치 않았다. 그러나 반대로 그녀의 취중 육탄전을 먼저 본 사람의 80퍼센트는 그녀를 '그렇고 그런' 여자로 보았던 것이다.

좋은 첫인상을 남기려면

영업이나 상담 등 대인관계가 많은 직종에서 오래 일한 사람은 첫눈에 사람을 알아보는 능력을 얼마간 갖게 마련이다. 게다가 이야기라도 몇 마디 나누고 나면 "아, 저 사람은 믿을 만한 사람"

이라는 확신을 갖고 과감하게 비즈니스를 진행하는 경우도 있다. 물론 "그렇고 그런 사람"이란 선입견을 갖고 일을 끝내버리는 경우도 있다.

첫인상은 쉽게 바뀌지 않을뿐더러 무척 오래간다. "개꼬리 3년 묻어둔다고 쇠꼬리 되나?", "호박에 줄친다고 수박 되나?", 심지어 "걸레는 빨아도 걸레" 같은 몹쓸 험담도 첫인상에서 비롯된 고정관념 때문에 나온 것이다.

사람은 처음 소개받은 사람의 좋은 측면보다 나쁜 측면을 더 강렬하게 기억한다. 그래야 만에 하나 당할 수도 있는 피해를 막을 수 있기 때문이다. "저 사람은 돈도 잘 빌려주고 밥도 잘 사고 술도 크게 내고 남의 궂은일이라면 마다않는데, 그런데 가끔 남의 여자를 넘본다던가?" 하는 식으로 남에게 소개된 사람은 기피 인물로 낙인찍히기 십상이고, 그의 웅대한 장점들은 온데간데없이 잊혀버리게 된다.

따라서 남에게 자신을 처음 소개할 땐 농담이라도 자조하는 것은 삼가야 하며, 여러 사람이 모인 자리에서 자기 존재를 사람들에게 각인시키고 싶으면 남보다 먼저 일어나 자기소개를 할 일이다. 첫인상과 첫마디가 기억에 가장 강렬하게 남기 때문이다.

처음 만난 자리에서 첫인상을 강렬하게 남기는 사람들에겐 어떤 특징이 있을까? 그들에게는 다음과 같은 공통점이 있다.

- 상대방이 이야기할 땐 적극적으로 호기심을 보인다.
- 천천히, 또박또박, 차분하게 말하며 가급적 적게 말한다.
- 상대방의 전문분야에 대해 절대로 아는 척하지 않는다.
- 손아랫사람에게도 예절을 갖춰 배려한다.
- 누구의 말이든 잘 들어준다.

이 중 가장 중요한 것은 역시 '남의 말을 경청(傾聽)하는 태도'이다. 사람은 누구나 이야기를 하는 사람보다는 이야기를 들어주는 사람을 좋아하게 되어 있다.

잘 듣는 사람이 호감을 얻는다

성공학자 데일 카네기가 한 출판업자가 주최한 저녁 파티에서 저명한 식물학자를 만났다. 이날 카네기는 의자 끝에 걸터앉아 식물학자가 토해내는 매우 흥미진진한 식물 이야기와 새로운 품종개량 실험 등에 대한 이야기를 들었다. 그 자리엔 10여 명의 사람이 있었으나, 카네기는 그들을 무시한 채 그 식물학자와 몇 시간 동안 얘기를 나눴다. 자정이 가까워지고 사람들이 한두 명씩 떠나기 시작할 때 식물학자는 파티를 주최한 사람에게 가서 카네기에 대한 칭찬을 하기 시작했다. 그는 카네기가 매우 흥미로운 사람이라고 칭찬한 다음 마지막으로 이렇게 말했다.

"그는 가장 흥미롭게 이야기를 하는 사람이더군요."

이 말을 들은 카네기는 다소 의외라는 생각을 했다. 사실 카네기는 그 자리에서 거의 말을 하지 않았기 때문이다. 그는 식물학에 대해 아는 게 없어 열심히 듣기만 했다. 진정으로 관심이 있었기에 열심히 들었던 것이다. 식물학자는 실은 카네기가 열심히 듣는다는 것을 느꼈고, 경청하는 자세에 만족을 느낀 것이었다.

경청은 다른 사람에게 할 수 있는 최고의 찬사라고 한다. 카네기는 단순히 잘 경청하고 식물학자가 말을 하도록 유도했을 뿐인데 식물학자에게는 대화를 매우 잘하는 사람으로 인식된 것이다.

어느 심리학자가 스스로 행복하다고 믿는 미국인 부부 2만 쌍에게 그 이유를 물어보았는데 "배우자가 내 이야기를 잘 들어주기 때문에 행복하다"라는 대답이 80퍼센트 이상이었다고 한다. 사람은 누구나 주목받고 싶어 하고 잘난 척하고 싶어 한다.

따라서 그 욕구를 충족시켜 주는 상대방에겐 얼마간의 손해를 감수하고서라도 관계를 가지려 애쓸 수밖에 없는 고독한 동물인 것이다.

눈으로 듣는다

사람은 눈으로 듣는다고 한다. 이 말은 사람들이 상대가 말하는 내용을 그대로 받아들이지 않는다는 것이다. 누군가를 만났을 때 상대가 말하고 있는 내용으로 첫인상을 결정하는 사람은 7퍼센트에 불과하다. 38퍼센트는 상대가 말하는 태도, 55퍼센트는 상대의 겉모습에 따라 첫인상을 결정한다고 한다.

이런 말이 있다.

"콩나물은 물을 먹고 자라고, 프로 선수는 인기를 먹고, 성공하는 사람은 이미지를 먹고 성장한다."

첫인상이 당신 이미지의 80퍼센트 이상을 결정한다는 점을 명심하자. 더욱이 그 짧은 순간이 돌이키지 못할 결과를 낳기도 하는 것임을 가슴속에 담아두자. 휴먼 네트워킹의 첫걸음인 '첫인상'을 챙겨라. 사람은 눈으로 당신을 듣기 때문이다.

2 _ 청(廳) : 상대의 말을 공감하며 들어라

이 세상에는 잘 듣는 것으로 먹고 사는 이들이 있다. 그들은 그야말로 잘 '들어주는' 사람들이다. 그들은 누구일까?

바로 정신과 전문의다. 정신과 의사들은 듣는 데 탁월한 선수이다. 환자가 찾아오면 처음부터 환자 이야기만 듣는다. 그렇다 보니 환자는 자신의 속내를 거리낌 없이 쏟아놓게 된다. 정신과 의사는 환자가 말하는 내용을 통해 환자를 진찰하고, 병적 원인을 찾아내고, 처방을 한다.

미국 동부지방에서 성공한 한 부동산 전문가에게 기자가 질문을 했다.

"당신은 어떻게 해서 이렇게 성공을 했습니까? 비결이 있다면 말씀해주십시오."

부동산 전문가는 이렇게 대답했다.

"글쎄요. 저는 그저 고객들의 말을 들어주었을 뿐입니다."

대인관계의 시작은 대화다

모든 대인관계는 대화로 시작한다. 그러나 보통 사람들은 대화

를 할 때 남의 이야기를 듣기보다 자기 이야기를 하는 데 주력한
다. 그러니 대화가 잘될 리 없다. 효과적인 대화를 하기 위해서는
우선 잘 들어주는, 즉 경청하는 자세가 매우 중요하다.

상대의 이야기를 잘 들어주는 사람은 주변으로부터 신뢰를 얻
는다. 뿐만 아니라 말할 때는 1분에 125단어를 이야기할 수 있지
만, 들을 때는 500단어를 들을 수 있어 훨씬 효과적이기도 하다.

하느님은 인간을 만들 때 두 개의 눈과 두 개의 귀로 보고 듣고,
하나의 입으로 말을 하라고 만드셨다. 많은 이들이 이러한 순리
를 거스르고 있는 것이다. 많은 사람들이 잘 들어주는 데 익숙하
지 못한 이유는 무엇일까?

국어 시간에 우리는 말하기, 쓰기, 읽기를 배우는 데 많은 시간
을 할애했다. 듣기를 배우는 데는 얼마의 시간을 투자했을까? 사
실 우리는 살면서 듣기를 배울 기회가 별로 없다.

나는 어떤 자세로 듣는가?

남의 이야기를 듣는 자세에는 다음과 같이 다섯 가지의 단계가
있다. 하나하나 살펴보고 자신이 어떠한 단계에 해당하는지 되
돌아보자.

1. '무시하기' 다

이는 가정에서 아버지들이 자주 취하는 듣기 자세다. 아이들이 호기심을 갖고 아버지에게 말을 걸면서 무엇인가 물어보면 대체로 무시하고 듣지 않는다. 남이 이야기하는 것을 전혀 듣지 않는 것이다.

2. '듣는 척하기' 다

이는 상대방을 인정하고 마치 듣는 것처럼 행동하는 것이다. 상대가 말하는 내용 중 10퍼센트 정도를 듣는 단계다. 부부간의 대화에서 남편이 종종 취하는 태도이기도 하다. 부인이 수다를 떨면서 대화를 건네면 마치 듣는 것처럼 행동하지만 거의 듣지 않는다. 조직 속에서도 이런 모습을 흔히 볼 수 있다.

3. '선택적 듣기' 다

이는 상사가 부하의 말을 들을 때 취하는 자세로, 어떤 것은 듣고 어떤 것은 안 듣는 것을 말한다. 민주적 리더십보다는 전제적인 리더십을 발휘하는 사람일수록 이런 경향이 강하다. 상대가 말하는 내용 중 30퍼센트 정도를 듣는 셈이다. 조직의 CEO에게 브리핑을 할 때 CEO가 취하는 모습에서 이러한 자세를 많이 볼 수 있다.

4. '적극적 듣기' 다

이는 흔히 말하는 'Active Listening'으로, 그나마 바람직한 자세라고 할 수 있다. 상대가 말을 하면 손짓발짓해가며 맞장구를 쳐주고 적극적으로 들어주는 자세. 그러나 남의 이야기를 주의 깊게 듣지만 귀로만 듣기 때문에 상대가 말한 내용 중 70퍼센트 정도를 듣는 데 그친다고 한다. 마음으로는 듣지 않는 단계라고 할 수 있다.

5. '공감적 듣기' 다

귀와 눈 그리고 온 가슴으로 듣는 가장 바람직한 자세다. 상대의 말을 90퍼센트 이상 듣는 자세라 할 수 있다. 연애를 할 때를 생각해보라. 이땐 상대가 말하는 내용을 그야말로 자신의 이야기처럼 마음을 활짝 열고 듣는다.

고객과의 대화, 이런 순서로 하라

고객과 대화를 나눌 때 가장 주의해야 할 것이 '내 말만 하기'이다. 명심하라. 고객과의 대화에서 지켜야 할 법칙은 단 한 가지, '고객보다 적게 말하기'이다. 대화는 고객 위주로 진행되어야 하는데, 구체적으로 다음의 단계를 밟는 것이 좋다.

1. 1분 동안 내 이야기를 한다

고객이 자기의 이야기를 할 수 있도록 유도하는 과정이다. 고객의 말문을 열기 위해서는 내가 먼저 이야기를 꺼내 분위기를 무르익도록 하는 것이 좋다. 이때는 나의 속마음을 숨겨두지 말고 어느 정도 고객 앞에 드러내 보여줄 필요가 있다.

2. 1분 동안 고객에게 질문한다

적절한 질문은 대화에 기름칠을 하는 것과 같다. 고객이 잘 알고 있는 것, 관심 있는 것에 대해 질문을 던지며 대화를 유도하라.

3. 4분 동안 고객의 말을 경청한다

고객이 말할 차례가 되었을 때는 내가 말한 시간의 두 배 동안 경청하라. 가장 안 좋은 태도는 상대가 말할 때 조급해하며 내가 말할 기회를 찾는 것이다. 고객이 충분히 이야기를 풀어낼 수 있도록 대화의 완급을 조절해가야 한다.

말보다 어려운 것이 듣는 것임을 잊지 말자. 또한 고객의 말을 경청할 때는 적절한 추임새가 필요하다. 고개를 끄덕거리거나, 시선을 맞추거나, 적절한 대답 등을 통해 내가 성심껏 듣고 있음을 표현해야 한다.

말보다 배우기 어려운 것이 침묵이다

한자 '청(聽)' 자를 보자. 이를 분석해보면 재미있는 결과를 얻을 수 있다. '聽'은 '耳+王+十+目+一+心'으로 구성되어 있다. 이것을 '경청'의 관점에서 헤아려 의미를 부여하자면, "왕(王)처럼 큰 귀(耳)로, 열 개(十)의 눈(目), 즉 진지한 눈빛으로, 그리고 하나(一)된 마음(心), 즉 진심으로 들어주어라"라고 할 수 있을 것이다.

"말을 배우는 데는 2년, 침묵을 배우는 데는 60년이 걸린다"라는 말이 있다. 상대가 누구든 대화에서 가장 중요한 것은 유창한 '말하기 선수'가 되는 것보다는 '듣기 선수'가 되는 것이다.

한자 '암(癌)'을 보자. '癌' 자의 안쪽을 분석해보면 '口+口+口+山'으로 구성되어 있음을 볼 수 있다. 이를 풀어보면 "말하려는 사람을 산에 가둔 모습으로, 그 말을 들어주지 않으면 암에 걸린다"라고 할 수 있지 않을까?

성공적인 인간관계를 가지려면 대화에 있어 '암적인' 요소라고 할 수 있는 말하기를 항상 경계해야 한다.

듣기 선수가 되라

성공이란 큰 잉어를 낚고 싶다면 누구보다 잘 들어주는 '듣기 선수 체질' 로 자신을 다듬어보라. 잘 들어주는 이에겐 항상 사람이 모이기 마련이다.

그런데 '듣기 선수' 가 되는 것은 쉬운 일이 아니다. 부부간의 문제로 고민하던 중년 남자가 신부님을 찾아가 자신의 고민을 털어놓았다. 신부님은 이렇게 충고해주었다.

"오늘부터 1주일 동안 말은 적게 하고 당신 아내의 말을 잘 들어보시오."

중년 남자는 신부님의 처방대로 1주일을 보냈다. 이 처방이 효과가 있자 중년 남자는 신부님께 가서 고맙다고 인사했다. 그러자 신부님은 이렇게 말했다.

"아직 멀었습니다. 이번 주엔 부인의 마음의 소리를 들어보시오."

우리가 비즈니스에서 '듣기 선수' 가 될 수 있는 방법은 무엇일까? 그 방법은 '1, 2, 3' 세 박자를 익히는 것이다. 바로 "1분 동안 말하고, 2분 동안 듣고, 3분 동안 맞장구를 쳐라" 이다.

일단 말을 적게 하고 상대로 하여금 이야기를 많이 하도록 분위기를 만들어야 한다. 1분 동안 말하고, 2분 동안 듣고, 3분 동안 맞장구치는 것이 익숙해지면 듣기 선수로서 자격을 갖추게 된다.

여러분이 오늘 하루만이라도 상대의 이야기를 들어주는 사람이 되었으면 좋겠다. 잘 듣는 사람에게는 성공이 넝쿨째 굴러들어온다.

"구나구나!" 전략

누구나 바로 공감적 경청을 할 수 있게 되는 것은 아니다. 잘 듣는 사람이 되려면 훈련이 필요하다. 이때 필요한 것이 바로 "구나구나!" 전략이다.

경기도 양수리 한강변에는 아름답고 감성어린 카페들이 즐비하게 늘어서 있다. 이곳에서 한 후배가 작은 카페를 운영하고 있는데 언젠가 내가 후배의 가게에 갔을 때의 일이다. 후배와 이야기를 나누고 있는데 한 쌍의 남녀가 가게로 들어오는 것이 보였다. 대뜸 후배가 나에게 물었다.

"이 선배! 저 두 사람은 부부일까, 연인일까?"

그러면서 나에게 한번 맞혀보라는 것이었다. 나는 "그걸 어떻게 아냐?" 하고 반문했다. 후배는 이렇게 대답했다.

"조금 있다가 저 사람들이 음식을 시킨 뒤에 한번 봐. 음식이 나온 후에 하는 말을 들으면 알 수 있거든."

도대체 무슨 말을 하기에 그들이 부부인지 연인인지 알 수 있다는 것일까?

'대화 중에 사랑이란 단어가 나오면 연인, 아니면 부부이려나?'

후배는 웃으면서 이렇게 말했다.

"음식이 나온 뒤 남자가 하는 말을 들어보면 알 수 있어. 부부인 경우엔 남자가 이렇게 말해. '여보! 길 막히니까 빨리 먹고 가자!' 라고. 하지만 연인인 경우엔 여자가 말을 할 때마다 그 말끝에 남자가 이렇게 대답하지. '그렇겠구나! 정말 재미있었겠구나.' 하면서 말야."

말하자면 부부인 경우엔 거의 대화가 없는 데다 먹으면 바로 떠난다는 것이고, 반면에 연인이라면 서로의 말에 연신 맞장구를 친다는 것이다.

상대방의 말에 어떻게 맞장구를 치느냐에 상대방에 대한 공감과 관심이 모두 드러나게 되어 있다. "구나구나!" 전략은 상대의 말에 "그랬구나!" "대단하구나!" "멋지구나!" 하며 '구나' 라는 어미를 붙여 공감과 감동을 표현하는 것이다. 이렇게 적극적으로 감탄을 해주는 사람에게는 호감이 생길 수밖에 없다.

성공하려면 상대 말을 공감적으로 들어라! 그러자면 인생 보청기인 당신의 마음을 쫑긋 세워야 한다.

3 _ 무(無) : 베푸는 데는 끝을 두지 마라

관계의 황금률은 '타인으로부터 뭔가를 받기 원한다면 그만큼 먼저 해주라'는 것이다. 그러나 21세기 성공 법칙은 황금률이 아닌 '플래티넘 룰(Platinum Rule)', 즉 백금률에 있다. 이는 황금률과 차원이 다른 것이다.

백금률은 바로 '타인이 원하는 대로 해주라'는 것이다. 황금률이 자신의 관점에서 보는 인간관계라면 백금률은 타인의 관점에서 보는 것이다.

베푸는 습관을 들여라

그렇다면 사회생활을 하면서 어떻게 백금률을 자신의 성공 습관으로 만들어갈 수 있을까? 다음의 지침을 보고 자신의 습관으로 길들여보자.

1. 사랑의 씨앗을 뿌려라

인생은 심은 대로 거둔다고 한다. 한 제자가 스승에게 "제게는 왜 기쁨이 없습니까? 왜 다른 사람이 제게 복을 주지 못합니까?"

라고 물었다. 스승은 이렇게 대답했다.

"그대는 어찌 한 되짜리 그릇을 갖고 한 말의 쌀을 받아 오려고 하는가? 한 조각의 천을 들고 가서 한 벌의 옷을 지어달라고 할 수 있겠는가? 매사를 찡그린 얼굴로 대하면서 기쁨을 기대할 수 있는가? 다정한 이웃, 베푸는 사람이 되지 않고서 어찌 다른 사람이 행복을 줄 것이라고 생각하는가?"

아주 간단한 이치다. 농부가 봄에 씨를 뿌리지 않고 가을에 수확할 수는 없다. 우선 뿌려야 한다. 그것도 사랑의 씨앗을 말이다.

2. 상대의 좋은 점을 발견하라

미국에서 자수성가한 100명의 백만장자를 대상으로 조사를 해보았다. 이들은 연령층도 다양했고, 교육 수준 역시 천차만별이었다. 또 여러 가지 소질과 특성을 갖고 있었으며, 그중 약 70퍼센트가 인구 1만5000명 이하의 소도시 출신이었다. 그런데 이런 다양성에도 불구하고 이들에겐 하나의 공통점이 있었다. 바로 그들 모두 '좋은 점 발견자'였다는 것이다. 당신은 어떠한가?

종이를 한 장 펼쳐놓고 동그라미를 그린 다음 동그라미 안쪽 어느 곳에 작은 점을 하나 찍어보라. 작은 점보다는 여백이 훨씬 많음을 알 수 있을 것이다. 바로 이 여백을 보아야 한다.

3. 스승같이 대해주라

미국의 저명한 리더십 관련 연구소인 크리에이티브 리더십 센터(Creative Leadership Center)가 미국 내 기업 관리자 중에서 특히 성공을 거둔 관리자들에게 다음과 같은 질문을 했다.

"당신이 가장 영향을 받은 교사는 누구입니까?"

이 질문을 받은 대다수가 '직장에서 만난 상사'라고 대답했다. 그들은 한결같이 상사가 자신의 스승 같은 역할을 했다고 입을 모았다. 그 상사들은 이들에게 카운슬러 역할을 해주었으며, 항상 부하를 지켜봐주었다고 한다. 또 부하에게 재량권을 주는 한편 적당주의를 용납하지 않았다고 한다. 이런 태도가 습관처럼 굳어진 이들은 늘 주위에 사람이 따르기 마련이다.

4. 남을 먼저 생각하라

어떤 사람이 천국과 지옥을 여행할 기회가 있었다. 그는 먼저 지옥을 구경했다. 지옥에 있는 사람들은 왼손에 포크를, 오른손에 나이프를 쥐고 있었는데 그 길이가 약 4피트 정도 되어 보였다. 그들은 음식을 입에 넣을 수가 없어서 고통스러워하고 있었다.

그는 지옥을 떠나 천국으로 가보았다. 그런데 천국 사람들은 사뭇 달라 보였다. 건강해 보였고 생기가 넘쳤다. 천국 사람들도 지옥 사람들과 마찬가지로 같은 길이의 포크와 나이프를 갖고 있었지만, 그들은 서로에게 음식을 먹여주고 있었기 때문에 조금도 괴로워할 필요가 없었던 것이다.

남에게 음식을 먹여줄 줄은 모르고 자기 입에만 넣으려고 하는 이들과, 상대를 도와줌으로써 자신도 도움을 받는 이들의 차이가 바로 천국과 지옥을 만들어냈다는 것이다.

5. 따뜻한 가슴을 가꿔라

한 심리학자가 원숭이를 대상으로 애정 실험을 해보았다. 그는 두 개의 원숭이 인형을 만들어 아기 원숭이들에게 보여주었다. 하나는 철사로 만든 딱딱한 인형이었고, 다른 하나는 솜과 천으로 만든 부드러운 인형이었다. 심리학자는 인형의 가슴 속에 젖병을 넣어 아기 원숭이들에게 내밀었다.

원숭이들은 양쪽으로 나뉘어 인형의 젖을 빨았다. 그런데 다음 날부터 새끼 원숭이들은 다른 행동을 보였다. 새끼 원숭이들은 철사 인형은 외면한 채 솜 인형으로만 몰려들었다.

사람도 이와 마찬가지다. 날카롭고 차가운 이들에겐 사람이 모이지 않는다. 사람들은 따뜻하고 부드러운 사람과 함께 있기를 좋아한다. 사람들은 음지보다는 양지에 모이게 마련이다.

인생은 메아리와 같다

엄마와 심하게 다툰 한 소년이 화가 나서 산으로 달려갔다. 소년은 골짜기에 대고 "당신을 미워해, 미워해, 미워해!"라고 소리쳤다. 그러자 골짜기에서 "당신을 미워해, 미워해, 미워해!" 하는 메아리가 울려왔다. 당황한 소년은 집으로 달려가 골짜기에 나를 미워하는 나쁜 소년이 있다고 어머니에게 말했다. 그러자 소년의 어머니는 소년을 데리고 산 위로 갔다. 그리고 아들에게 "난 당신을 사랑해, 사랑해, 사랑해!"라고 외치게 했다. 그랬더니 "난 당신을 사랑해, 사랑해, 사랑해!"라는 착한 소년의 목소리가 골짜기에서 울려왔다. 인생은 메아리와 같다. 당신이 보낸 것은 당신이 돌려받는다. 베풀면 반드시 돌아온다.

로비타 에셴바움이라는 미국인에 관한 실화이다. 어느 날 그는 시골길을 차로 달리다가 고장 난 차 때문에 애를 먹고 있는 사람을 도와주었다. 도움을 받은 사람이 돈으로 사례를 하려 하자 그는 이렇게 말하고 떠났다.

"다음에 다른 차가 고장 난 것을 보면 도와주십시오."

2주일 후에 그의 아버지가 길을 가던 중에 타이어가 펑크나 곤경에 처하게 됐다. 그때 어떤 운전자가 수리해주며 이렇게 말했다고 한다.

"2주일 전에 어떤 사람의 말대로 하는 것입니다."

최고의 설득과 협상 전문가들은 성공하는 방법에 대해 어떤 견해를 갖고 있을까? (…) 《설득의 심리학》의 저자 치알디니와 《어떻게 원하는 것을 얻는가》의 저자 다이아몬드, 이 두 사람 주장의 공통점은 세 가지다. 첫째, 사람, 특히 상대방에게 집중한다. 둘째, 논리보다 감정과 관계를 중요하게 본다. 셋째, 다른 사람들에게 먼저 도움을 준다. 결론적으로 도움을 잘 주는 사람들은 상대방을 배려하고, 관계가 좋기 마련이다. 이 도움을 치알디니는 '선물', 다이아몬드는 '감정적 지불'이라는 용어로 표현한다. 사람들은 평소에 자신을 도와주고 배려한 사람들에게 기꺼이 설득당하며, 또 협상에서 합의하게 된다. 노자의 《도덕경》에는 "빼앗으려고 한다면 반드시 먼저 주어야 한다"는 대목도 나온다.

2008년 커리어 전문가로서 〈보스턴 글로브〉에 칼럼을 쓰던 퍼넬러피 트렁크의 강연을 직접 들은 적이 있다. 직장에서 성공하는 사람들을 관찰한 결과 이들은 자기 일만 열심히 하는 것이 아니라, 항상 내가 도와줄 사람이 없는지 찾아다니며 기꺼이 도움을 준다고 했다.

치알디니 역시 설득의 '고수'들은 사람들에게 도움 받기를 고민하기 전에 평소 먼저 도움을 줄 생각부터 한다고 했다. 다이아몬드 역시 '회사에서 인정받는 사람' 들은 평소 자신의 직무와 관련 없는 다른 부서의 일까지도 도와주며, 결국 이것이 '인맥' 을 강화해준다고 말하고 있다.

- 《한겨레신문》 '김호의 궁지' 에서 발췌

먼저 주는 습관이 성공으로 이끈다

한때 국내 · 외에서 화제가 된 책이 있었다. 그 책의 제목은 '내가 알아야 할 모든 것은 이미 유치원에서 배웠다' 였다. 이 책에 나오는 유치원의 교훈들은 지극히 평범한 것으로, 바로 이러한 것들이었다.

- 나누어 가져라.
- 다른 아이를 때리지 말아라.
- 장난감을 제자리에 갖다 놓아라.
- 네가 더럽힌 것은 네가 닦아라.
- 네 것이 아닌 것을 가져가면 안 된다.
- 잘못했으면 잘못했다고 말해라.
- 음식을 먹기 전에 손을 씻어라.

당신도 나보다는 남을 먼저 배려하는 마음을 유치원에서 배웠을 것이다. 아주 평이한 지침이지만 실천을 하지 않는 것이 문제다. 지금부터는 나보다 남을 생각하는 '어른 유치원생' 이 되었으면 한다.

베푸는 데는 끝이 없어야 한다. 고객에게 아홉 번을 베풀었다면 거기에 또 하나를 보태라. 그렇게 열 번을 베풀었다면 또 하나를 더해 열한 번을 베풀어라. 이것이 고객관리의 '+1' 법칙이다. 그 '하나 더' 가 바로 고객을 감동시키는 '결정적인 한 방' 이 될 수 있다.

세상이 아무리 바쁘게 돌아가고 빨리 변해가더라도 '베푸는 대로 받는다' 는 원칙은 변하지 않을 것이다. 먼저 상대의 입장에서 보라. 그리고 먼저 베풀어보라. 이렇게 한다면 무엇을 하든 되로 주고 말로 받을 수 있을 것이다. 이로 인해 당신은 풍성한 또 다른 성공을 만들이갈 것이다. 비즈니스에선 좌우지간 베푸는 것이 중요하다. 개성 상인들에게 내려오는 속담이 있다.

"다 퍼주어 손해 보는 장사는 없다."

4 _ 찬(讚) : 마음을 열어주는 칭찬 기술을 익혀라

본격적인 이야기에 앞서 질문을 하나 드리고 시작하겠다. 당신이 가장 좋아하는 반찬은 무엇인가? 아마도 "한국 사람인지라 김치찌개, 된장찌개 등 국물이 많은 것을 좋아합니다."라고 대답하는 이들이 많을 것이다.

그렇다. 필자가 주부들을 대상으로 강의를 할 때 모두에 꼭 물어보는 게 있다. 바로 "여러분 남편이 가장 좋아하는 반찬이 무엇입니까?"라는 것이다. 그러면 다들 김치찌개, 고기, 된장찌개 등등으로 대답한다. 이럴 때 필자는 주부들에게 "진짜 남편이 좋아하는 반찬을 해드려야 합니다."라고 하면서 그 반찬을 소개한다. 도대체 그 반찬이란 무엇일까? 그것은 바로 '칭찬' 이다.

아무리 진수성찬이라 하더라도 식단에 이 칭찬이라는 반찬이 없으면 입맛이 떨어진다. 인간에게 가장 좋은 유기성 비료이자 자양분인 풍부한 거름이 있는데 그것이 바로 칭찬이다. 그런데 우리네 사람들은 식단이라든가 인생을 사는 데 이 반찬에 인색하다는 것이다.

칭찬은 가장 남는 장사

얼마 전 한 식당에서 있었던 일이다. 그곳에서 일하는 직원이 손님들이 들어와도 아무런 말이 없는 것이었다. 사정은 여러 가지가 있겠지만 그런 모습을 보고 내가 이런 말씀을 드린 적이 있다. "아니, 목소리 아껴두었다가 어디에 쓰려고 그러세요! '어서 오세요!', '천천히 많이 드세요!', '찬이 모자라면 언제든지 말씀하세요!', '감사합니다!' 큰소리로 외치시면 어디가 고장이 나세요?"라고 말이다.

반면에 이런 일도 있었다. 필자는 남을 칭찬하는 게 습관처럼 몸에 배어 있다. 언제가 서울 압구정동에 있는 닭갈비집에서 있었던 일이다. 대개 닭갈비는 넓은 철판에 갖은 야채가 수북이 쌓여 있고 그 위에 닭갈비가 얹어져 있어 이것을 잘 요리하기란 쉬운 일이 아니다. 그래서 그런지 맨 처음에 종업원들이 도와주기 마련이다. 그날 역시 한 직원이 야채를 잘 뒤집으면서 맛있게 조리를 해주었다. 이런 모습을 보고 필자는 "와우, 매직입니다!"라는 말을 건넸다. 그러자 그 직원은 씩 웃으면서 조리를 했다. 물론 입가에는 미소가 가득했다. 그런데 한참 후 그 직원이 음료수 2병을 가져왔다.

"청년! 이거 주문 안 했는데요!"라고 묻자 이내 눈짓을 보내는 것이었다. 말하자면 서비스라는 것인데 가만히 생각해보니까 필자가 건넨 칭찬 한마디에 대한 진정 어린 보답이었던 것이다.

"칭찬은 되로 주고 말로 받는다"라는 말이 있다. 이 세상에서 가장 높은 이자를 받는 고리대금업(高利貸金業)이 바로 칭찬인 것이다. 아마 이 세상에 이렇게 많은 이윤을 남기는 장사는 없을 것이다.

격려에 초점을 맞춰라

세계적인 베스트셀러인 《칭찬은 고래도 춤추게 한다》는 고래의 훈련 원리를 통해 긍정적인 인간관계를 위한 방법을 설명하고 있다. 이 책에서는 고래가 조련사가 원하는 대로 움직이도록 훈련하는 3단계 전략을 다음과 같이 설명한다.

1. 신뢰 관계를 구축한다.
2. 긍정적인 데 초점을 맞춘다.
3. 잘못이 발생하면 처벌하는 것보다 목적한 방향으로 방향을 전환하는 데 초점을 맞춘다.

이 책에서 강조하는 인간관계의 키워드(Key-word)는 바로 '긍정' 이다. 잘못된 것에 초점을 맞추고 질책하기보다는 좋은 방향으로 격려하고 칭찬하는 데 초점을 맞추는 것이다. 지라드는 세계 최고의 자동차 판매왕이다. 그가 판매왕이 된 비결은 어디에 있을까? 10년 연속 미국 자동차 판매왕의 비결은 바로 칭찬에 있었다.

국내 자동차업계 최초 세일즈맨 출신 이사인 대우자동차 박노진 씨는 상품을 팔지 않고 우선 상대를 칭찬했다고 한다. 가령 "헤어스타일이 참 잘 어울리시네요. 아! 거기 출신이시구나. 참 좋은 학교 나오셨네요!" 등 고객의 마음을 무장해제하는 작업을 먼저 하는 것이다. 입에 발린 칭찬이라도 기분이 좋은 이유는 인간 본성 자체가 칭찬에 굶주려 있기 때문이다. 칭찬은 엄청난 잠재력을 갖고 있다.

칭찬은 노력의 결과다

미국의 루스벨트 대통령은 상대가 카우보이이거나 경찰일지라도, 또는 정치가나 외교관일지라도, 그 누구에 대해서도 그 사람에게 어울리는 화제로 대화를 풀어나갔던 것으로 유명하다. 그와 만났던 많은 사람들은 자신의 구미에 맞는 화제를 자유자재로 요리하는 루스벨트의 박식함에 칭찬을 아끼지 않았다.

그 박식함은 끊임없는 그의 노력의 결과물이었다. 루스벨트는 어떤 사람과 만날 예정이 잡히면 사전에 그 사람이 좋아하는 기호품이나 취미, 관심사 등에 대한 정보를 가능한 한 많이 수집하여 예비지식을 머릿속에 넣어두었던 것이다. 사람은 자기가 관심을 가지고 있는 일, 흥미를 느끼고 있는 것을 화제로 삼고 싶어 한다. 그것을 아는 것이 사람의 마음을 파악하는 가장 가까운 길이라는 점을 루스벨트는 알고 실천했던 것이다. 이것은 상대방의 입장이 되어 생각해보는 것으로부터 시작된다.

칭찬은 삶의 활력소를 선사하는 일

그렇다면 당신은 하루에 칭찬을 얼마나 하는가? 아마 많은 이들이 "자주 하는 편이긴 한데 얼마나 하는지는 잘 모르겠습니다"라는 대답을 할 것이다. 한 조사에 의하면 가정에서 부모들은 긍정적인 말 한 번에 무려 열여덟 번의 부정적인 말을 한다고 한다. 태어날 때부터 호기심이 무궁무진한 아이들에게 하루 평균 432회나 "손대지 말아라!", "갖고 놀지 말아라!", "하지 마!" 등 부정적인 표현을 쓴다. 또 학교에서는 한 번의 긍정적인 표현에 열두 번의 부정적인 표현을 쓴다고 한다. 뭔가 열심히 대답하려 하거나 질문하려는 학생들에게 "조용히 해!", "떠들지 마!", "그만

해!" 등 부정적인 말을 한다는 것이다.

칭찬을 하면 어떤 이점이 있을까?

- 칭찬은 부메랑이다. '되로 주고 말로' 받는다.
- 칭찬은 쌍방향이다. 하는 사람은 해서 좋고, 받는 이에게는 보약과도 같다.
- 칭찬은 아무리 해도 지나침이 없다.
- 칭찬은 아무리 받아도 탈이 나지 않는다.
- 그리고 가장 중요한 것은 칭찬하는 데는 전혀 돈이 들지 않는다.

살아가는 데 있어 스승, 부모님, 상사 등이 하는 칭찬은 삶의 활력소가 되고 결정적인 가르침이 된다. 상대에게 정성을 다해 던지는 격려와 칭찬은 상대에게는 삶의 활력소다.

화학을 전공하는 한 학생이 중간고사를 치르는데 시험문제는 "석탄으로 알코올을 얻는 방법을 쓰라"라는 것이었다. 아무리 생각을 짜내보아도 그 학생은 해답이 생각나지 않았다. 그것을 풀어내는 화학공식이나 부호가 도무지 떠오르지 않았다. 그래서 그 학생은 이렇게 답을 썼다.

"석탄을 팔아서 알코올을 사면 됩니다."

그 후 학생은 교수로부터 호되게 야단을 맞고 낙제할 줄 알았다. 그런데 담당교수는 그 학생을 불러서 말했다.

"너는 석탄으로 알코올을 얻는 가장 손쉬운 방법을 찾아냈다."

교수는 이 학생에게 후한 점수를 주었다. 교수는 칭찬과 격려가 보다 효과가 있음을 알고 있었던 것이다.

칭찬이 주는 힘은 무엇보다 칭찬이 가져오는 '선순환'에 있다. 가령 조직에서 상사가 부하를 칭찬하면 → 부하는 만족감을 얻고 → 이렇게 구성원들이 만족하면 → 바로 고객의 만족으로 이어지면서 → 기업의 성공을 낳는다.

궁극적으로 기업은 '뻔(fun)한 조직', 그러니까 '재미있는 일터'를 조성할 수 있기 때문에 성공적인 결과를 낳을 수 있다. 이런 원리는 가정이든 비즈니스든 마찬가지다.

다함께 찬! 찬! 찬!

그렇다면 칭찬을 잘하는 사람이 될 수 있는 방법이 따로 있을까? 물론 있다. 비법 같은 건 아니지만 칭찬에도 나름대로 노하우가 있는 셈이다.

칭찬이 좋다고 해서 무조건 칭찬을 하는 것이 아니다. 칭찬을 하려면 제대로 해야 한다. 이른바 '다함께 찬찬찬(讚讚讚)' 기법이 있다. 대중가요 '찬찬찬'이라든가 '다함께 차차차'가 아니다. 여기에서 '찬찬찬'은 칭찬이라는 뜻의 '讚'을 말한다. '다함께 찬찬찬' 기법이란 이런 것이다.

1. 갑자기 짧게 칭찬하라 : 칭찬은 예고 없이 해야 하고 너무 길게 하면 상대가 민망해질 수도 있다.

2. 사람들 앞에서 칭찬하라 : 칭찬은 남이 보는 데에서 해야 한다. 가능하다면 많은 사람에게 알려 칭찬이 낳는 부가가치의 맛을 보게 해야 한다.

3. 성과에 초점을 맞춰라 : 칭찬은 구체적이어야 한다. 그냥 입발림으로 하는 게 아니라는 것이다. 칭찬받을 만한 것에 대해 칭찬해야 한다.

4. 즉시 하라 : 이 점은 보통 간과하기 쉬운 부분인데, 칭찬받을 만한 일을 했으면 바로 하라는 것이다. 칭찬은 무슨 형식을 요구하는 게 아닌, 피드백이기 때문이다.

5. 자주 하라 : 과유불급(過猶不及)이란 말이 있지만 이는 칭찬 세계엔 해당되지 않는다.

6. 칭 7 꾸 3' 법칙을 지켜라 : 이는 무조건 칭찬을 남발해서는 안 된다는 것이다. 당신이 상사라면 칭찬은 70퍼센트, 꾸지람은 30퍼센트 정도로 나눠 해야 효과가 있다.

성공적인 인간관계는 칭찬에서 나온다. 칭찬은 고래도 춤을 추게 한다고 했다. 오늘 하루만이라도 당신이 대하는 모든 이들에게 '찬! 찬! 찬!' 세 박자를 우렁차게 울려보기 바란다. 당신이 보낸 '찬! 찬! 찬!' 이란 세 박자에 그들의 축 처진 어깨가 반듯하게 올라갈 것이다.

오늘 하루만이라도 비즈니스를 위한 행복 식단을 차려보라. 물론 행복 반찬인 '칭찬' 은 꼭 올려놓아야 한다.

5 _ 긍(肯) : '예스' 를 이끌어내는 대화법을 구사하라

미국으로 이민을 간 교포의 성공기다. 미국에 건너가 마땅히 할 게 없었던 그는 허드렛일, 즉 3D 업종에 손을 댔다. 청소대행업을 시작한 것이다. 그는 이 사업으로 대박을 터뜨렸는데, 그 비결은 아주 간단한 것이었다.

이민 초창기, 영어에 약했던 그는 미국인 고객이 뭐라고 하면 무조건 "예스!"라고 대답했다. 궂은일을 시켜도, 했던 일을 또 시켜도 알아들을 수가 없으니 무조건 "예스!"라고 답했던 것이다. 그런데 미국인들은 "아니오!"를 하지 않는 그의 성실성에 반해 일을 몰아주었다. 그는 물론 성공을 했다.

말이란 것은 이처럼 중요하다. 스타벅스와 힐튼 호텔에서는 "아니오!"라는 말을 들을 수 없다. 어느 종업원도 이 말을 하지 않기 때문이다. 그들은 고객에게 "아니오!"라고 말하면 해고된다.

여러분의 고객이 무엇을 요구하든 "아니오!"라는 말은 하지 말라! 장사를 하는 데 "아니오!"라는 말은 존재하지 않는다.

대화에는 포장의 기술이 필요하다

옛날에 박만득이라는 나이 지긋한 백정이 장터 입구에 푸줏간을 열었다. 어느 날 양반 두 사람이 푸줏간에 고기를 사러 왔다. 한 양반이 말했다.

"애, 만득아! 여기 고기 한 근만 다오."

"그러지요." 만득이는 능숙한 칼 솜씨로 고기를 베어서 주었다. 옆에 서 있던 다른 양반은 상대방이 비록 미천한 신분이기는 하지만 나이가 지긋한 사람에게 말을 함부로 해서는 안 된다고 생각했다.

"박 서방, 수고가 많네. 여기 고기 한 근만 주시게나."

이 말에 만득이는 "예, 감사합니다!"라고 대답하고 얼른 고기를 잘라서 주었다.

고기를 먼저 산 양반이 이를 가만히 보니 자기가 산 것보다 두 배나 많아 보였다. 내심 화가 난 그 양반이 큰소리로 야단을 쳤다.

"아니, 이놈아! 똑같은 고기 한 근인데 어째서 이 사람은 많고 내 것은 조금이냐?"

그러자 박만득이 대답했다.

"손님의 고기는 만득이가 자른 것이고, 이 어른의 고기는 박 서방이 잘랐기 때문입니다.”

이처럼 리더십은 주어지는 게 아니라 스스로 만들어가는 것이다. 우리네 속담에 “‘아’ 다르고 ‘어’ 다르다”라는 말이 있다. 이 말은 상대의 입장에 서서 이야기를 하라는 것이다. 자신의 의견이나 아이디어를 표현할 때 혹은 상대의 생각에 반대 의견을 표할 때 직설적인 표현 그대로 내뱉을 것이 아니라 포장의 기술이 필요하다는 것이다.

비즈니스는 설득 커뮤니케이션이다

비즈니스를 한마디로 표현하라고 하면 필자는 ‘설득 커뮤니케이션’이라고 말한다. 여러분의 하루를 생각해보라. 출근해서 하는 일은 내 주변의 사람을 설득해가는 과정이다.

여기서 ‘설득(說得)’이라는 단어를 보자. 이 단어를 액면 그대로 풀어보면 ‘설명(說明)해서 득(得)이 되어야 한다’는 것이다.

조직생활을 하면서 간과하기 쉬운 것이 설득 커뮤니케이션이다. 우리는 말을 잘못 전달해서, 즉 잘못 설명해서 ‘득’이 되지 못하고 오히려 ‘독’을 만드는 사람을 자주 접하게 된다. ‘득’과 ‘독’은 그야말로 점 하나의 차이다. 우리가 상대의 생각에 반하는 생각, 즉 “아니오!”라는 말을 할 때도 이것을 잊어서는 안 된다. 이럴 때일수록 자신의 의견을 포장할 줄 알아야 한다.

자, 지금부터 성공을 부르는 설득 커뮤니케이션의 노하우에 대해 알아보자.

디지털형 대화법을 몸에 익혀라

세일즈를 잘하는 이들은 '물건'을 팔지 않고 '마음'을 판다고 한다. 그래서 이들은 고객에게 물건을 사줄 것을 애원하기보다는 고객이 사도록 만든다. 말하자면 상대의 마음을 움직여서 스스로 구매하게끔 유도하는 것이 그들의 독특한 판매 전략인 것이다.

이러한 판매 전략에는 바로 내면화(內面化)라는 행동유도 전략이 들어 있다. 내면화란 상대가 스스로 마음을 바꿔 행동, 즉 구매에 이르도록 하는 것을 뜻한다. 대화 기술에서 중요한 것은 특별한 대화 기법보다는 상대 마음의 '내면화'를 통한 커뮤니케이션의 활성화다.

훌륭한 리더들은 설득 커뮤니케이션을 잘하는 '굿 커뮤니케이터(Good Communicator)'들이다. 그렇다면 어떻게 해야 상대의 내면화를 낚아 마음을 움직일 수 있을까? 성공을 부르는 '디지털형 대화법'을 소개한다.

1. 'Yes & But' 화법

이는 상대방이 "예스!", 즉 "그렇습니다"라고 응답할 수밖에 없는 질문을 계속 건네는 화법이다. 가령 "오늘 참 날씨가 좋은데요" "꽃이 아름답습니다"와 같이 누가 들어도 결코 "노!"라고 할 수 없는 말을 계속 건넨다. 그러면 상대는 "네" "그렇군요!"라는 긍정적인 대꾸를 계속하는 가운데 당신에게 친근감을 느끼고, 자신과 필링이 맞는다고 생각하게 된다.

다시 말해 상대 마음의 빗장을 조금씩 열어가는 기법이다. 상대의 생각에 반하는 말을 꺼내려면 이렇게 마음을 여는 단계가 필요하다. 기억하라, '선(先) 예스, 후(後) 아니오'가 대화의 분위기를 부드럽게 이끌어준다.

예스 화법을 하려면
- 절대 긍정적으로 말하라.
- '아니오'란 말은 없다.
- 긍정 바이러스를 날려라.
- 자신감으로 무장하라.

2. 로우 볼 테크닉

이 노하우는 세일즈맨들이 자주 쓰는 설득 기법이다. 처음엔 좋은 조건을 늘어놓고 상대방의 마음에 들도록 유도한 다음 거래를 성사시킨 뒤 나중에 가서 "실은……"이라며 조건 면에서 불리한 부분을 슬쩍 내미는 방법이다. 상대는 기분이 좋은 상태라서 웬만해선 거절을 못하기 마련이다. 이른바 허허실실(虛虛實實) 설득법이다.

3. 후광효과를 이용

대부분의 사람들은 레테르, 즉 브랜드나 권위에 약하다. 유명한 사람의 말이나 권위 있는 기관의 데이터는 그 자체만으로도 듣는 사람으로 하여금 신뢰성을 갖게 한다.

보통 사람들은 권위에 약하기 마련이다. 별 내용이 없는 것처럼 느껴지거나 많은 의문이 들어도 거물이나 권위자가 말한 것이라면 거의 무비판적으로 받아들이는 경향이 짙다.

상대에게 말을 할 때면 "ㅇㅇㅇㅇ잡지에 의하면", "ㅇㅇ대학교 박사에 의하면", "KDI 자료에 의하면" 하는 식으로 후광효과를 발할 수 있는 것을 총동원해보라.

상대의 생각에 엇박자를 놓을 땐 이처럼 내 이야기를 하지 말고 남의 이야기를 앞에 세워라. 그것이 든든한 방패 역할을 해줄 것이다.

4. 성동격서(城東擊西)법

"모로 가도 서울만 가면 된다"라는 속담이 있다. 그러나 이는 설득에는 좋은 방법이 아니다. 임기응변이 부족한 사람은 자신이 힘이 닿지 않는다고 판단되면 포기하거나 변칙적인 방법을 동원하려 한다.

그러나 변칙은 일시적으로 효과가 있을지 모르지만 오래가지는 않는다. 이때 사용하는 방법이 성동격서법이다. 성동격서는 "동쪽에서 소리 지르고 서쪽을 친다"라는 말이다. 자신의 의견이 받아들여지지 않아 자존심 상하거나 시간이 걸리더라도 우회공격을 하라는 것이다.

5. '결(結)-근(根)-방(方)' 법

우리가 설득해야 하는 상대는 대개가 상사나 리더이다. 리더는 간단명료하고 논리적인 설득을 좋아한다. 그것이 바로 '결-근-방' 법이다. 자신의 의견을 상대에게 개진할 때는 논리적인 짜임새가 있어야 한다.

먼저 결(結), 즉 결론부터 말하라. 그리고 근(根), 즉 그 결론에 대한 근거를 세 가지 준비하라. 끝으로 방(方), 결론을 실현할 수 있는 방법 세 가지를 준비해서 말하라. 이 방식은 최고 경영자가 좋아하는 방법이다.

6. 'FIRST' 와 'LAST'

마음을 움직이는 대화를 하는 데 있어 가장 중요한 것은 정직을 바탕으로 한 신뢰 형성이다. 바로 '믿음'이 바탕이 되어야 한다는 것이다. 이를 위해선 일관성이 있어야 하는데, 그러려면 처음과 끝이 같아야 한다. 바로 'FIRST=LAST' 라는 등식이 성립되어야 한다. 여기서 'FIRST' 와 'LAST' 란 다음을 뜻한다.

Faith(믿음을 주어라)

+

Impress(강한 인상을 심어라)

+

Rightness(공평하라)

+

Sincere(신중하라)

+

Thoughtful(배려하라)

Listen(경청하라)

+

Appreciate(감사하라)

+

Support(후원하라)

+

Touch(자주 접촉하라)

7. 널뛰기 선수

대화는 바로 널뛰기나 다름없다. 널뛰기는 혼자서는 하지 못하는 놀이다. 널빤지에 오른 사람 중 어느 한편에서 힘차게 돋움질을 해주지 않으면 상대는 물론 자신도 꿈쩍하지 않는다. 인간관계도 매한가지다. 자신이 높이 오르려면 우선 상대를 위해서 정성껏 돋움질을 해주어야 한다. 이게 바로 대화에 있어 윈-윈(Win-Win) 전략이다. 이것은 제로섬이 아닌 포지티브섬의 패러다임으로, 상대와 당신이 모두가 이기는 승-승(勝-勝)적 사고와 자세이다.

마음을 움직이는 대화를 습관화하라

인생은 행동이다. 행동의 95퍼센트는 습관이 만든다. 좋은 '대화법'을 몸에 익혀 앞서가는 비즈니스맨이 되는 것도 하나의 좋은 습관으로 만들어진다. 콩나물은 물을 먹고 살고, 프로 선수는 인기를 먹고 살지만, 21세기 비즈니스맨은 훌륭한 대화를 먹고 살아야 한다. 대화재태(對話在態)! 마음을 움직이는 대화, 당신의 태도에 달려 있다. 이젠 대화가 성공 비즈니스맨의 핵심 경쟁력이다.

세일즈에서 승자가 되기 위해서는 무엇보다 얄팍한 잔기술보다는 '디지털 세일즈학(學)'을 당신 가슴에 진하게 부팅시켜라. 영업은 기술이 아니라 하트(Heart) 전략이다.

6 _ 화(話) : 최고의 이야기꾼이 되라

성공인 클럽과 실패인 클럽 회원들의 말하는 습관은 다르다고 한다. 성공인은 남의 말을 잘 들어주지만, 실패인은 자기 이야기만 한다. 성공인은 "너도 살고, 나도 살자"라고 하지만, 실패인은 "너 죽고 나 죽자"라고 말한다. 성공인은 "해보겠다"고 하지만, 실패인은 "무조건 안 된다"고 한다. 성공인은 "난 꼭 할 거야"라고 말하지만, 실패인은 "난 하고 싶었어"라고 말한다. 성공인은 "지금 당장"이라고 하지만, 실패인 "나중에"라고 말한다. 성공인은 '왜'와 '무엇'을 묻지만, 실패인은 '어떻게', '언제'를 묻는다. 성공인은 "지금까지 이만큼 했다"라고 하지만, 실패인은 "아직 이것밖에 못했다"라고 말한다.

성공한 사람들이 쓰는 말

성공인 클럽 회원들의 말투를 자세히 분석해보자. 그들은 첫째, 성취를 다짐한다. 둘째, 작은 성공을 서로 축하해준다. 셋째, 실패를 나무라기보다는 성취를 인정한다. 넷째, 화를 내기보다는 유머를 즐긴다. 다섯째, 남을 탓하기 전에 자신을 탓한다. 여섯째, 상대방의 장점에 포커스를 맞춘다. 일곱째, 부정문보다는 긍정문으로 말한다. 여덟째, 상대방을 신나게 호칭한다. 아홉째, 노래방에 가서도 긍정적인 노래를 부른다.

조직 내에서 구성원들이 '가장 듣고 싶어 하는 말'과 '가장 듣기 싫어하는 말'에는 어떤 것들이 있을까? 한 건설회사가 사보를 통해 다음과 같은 조사를 했다.

부하가 상사에게 가장 듣고 싶은 말

- "수고했어."
- "일 없으면 일찍 퇴근해."
- "역시 믿을 만해."
- "힘들지?"
- "밥 먹으러 가자."

상사가 부하에게 가장 듣고 싶은 말

- "술 한잔 같이 하시죠."
- "역시 선배님이에요."
- "수고하셨습니다."
- "선배님밖에 없어요."
- "저희와 통해요."

이번엔 듣기 싫은 말을 보자.

부하가 상사에게 가장 듣기 싫은 말

- "그런 것도 못 하나?"
- "벌써 가나?"
- "할 일이 없지?"
- "꼬우면 네가 부장 해!"
- "넌 왜 그래?"

상사가 부하에게 가장 듣기 싫은 말

- "아무것도 모르세요."
- "바쁜데요."
- "깜박했습니다."
- "혼자만 잘났어요."
- "세대 차이가 나요."

이러한 사례를 보면 성공을 부르는 화법이란 '상대 중심적'인 것이라는 걸 알 수 있다. 반대로 실패를 부르는 화법은 '나 중심적'인 것이다.

필자가 서울 충무로에 있는 한 김밥집에서 경험한 일이다. 우연히 김밥집에서 김밥을 먹다가 이상한 점을 목격했다. 그 김밥집 주변에는 기업체 건물들이 많아 매장에서의 판매보다는 주로 배달로 매출을 올리고 있었다. 당연히 김밥집은 배달하는 아르바이트 학생을 많이 두고 있었다. 그런데 김밥집 주인은 아르바이트 학생이 배달을 나갈 때나 배달을 다녀왔을 때 "쉬었다 하시게나", "천천히 다녀오시게", "물 좀 먹고 하시게", "조심해서 다녀오시게" 하면서 연신 신나게 말을 건넸다. 그 주인의 말투엔 정이 넘쳐흘렀다. 나는 속으로 별난 분이구나 생각했지만, 나중에 알아보니 그 주인은 우리나라에서 김밥으로 둘째가라면 서운할 '김밥의 대가' 였다. 한 분야에서 최고를 달리는 사람들은 말하는 데도 이렇게 신명이 나고 상대를 배려해주는 자세를 갖고 있다.

누구나 성공하기 위해서는 무엇보다 지금 쓰는 말투부터 바꿔야 하는 것이 당연지사다. 옛 속담에 " 말이 씨가 된다"라는 말이 있다. 평상시에 쓰는 말이나 말투가 바로 성공을 암시하는 중요한 씨앗이 된다.

걱정 가불을 하지 마라

요즘 만나는 이들마다 어렵다는 이야기를 자주 한다. 그래서 필자가 여러분에게 마음대로 쓸 수 있는 무한 자산을 하나 소개하려 한다.

무한 자산이란 무엇일까? 바로 '생각'이다. 자, 다음 질문의 답은 무엇일까?

"고수의 공은 본 대로 간다. 중수의 공은 친 대로 날아간다. 하수의 공은 어떻게 날아갈까?"

이 질문을 받은 당신은 "음, 제가 골프를 안 치기 때문에 잘 모르겠습니다만 아마 조금 날아가다 떨어지지 않겠습니까?"라고 대답할지 모른다. 이 문제의 답은 "하수가 친 공은 '걱정하는 대로' 날아간다"는 것이다.

생각이 모든 결과물의 시작이다. 필자가 처음으로 낸 책의 제목이 '마음먹은 대로 된다'였다. 이는 모든 일의 결과는 마음, 즉 자신의 생각에서 비롯된다는 이야기다.

보통 사람들은 어떤 일이 벌어지기도 전에 걱정을 앞세우는 경우가 많다. 필자는 이런 것을 '걱정 가불'이라고 말한다. 걱정 가불이란 무슨 말일까? 가불은 월급이 나오기 전에 급전이 필요해 미리 받아 쓰는 것이다. 그와 마찬가지로 걱정을 미리 끌어와 하는 것을 '걱정 가불'이라고 한다.

한 조사에 따르면 걱정의 40퍼센트는 절대로 발생하지 않으며, 걱정의 30퍼센트는 이미 일어난 일을 걱정하는 것이고, 걱정의

22퍼센트는 별일 아닌 것을 걱정하는 것이라고 한다. 사람이 이러지도 저러지도 못하는 걱정은 불과 4퍼센트에 지나지 않아, 즉 96퍼센트의 걱정은 쓸 데 없는 걱정이라는 것이다. 이 세상에는 되지 말아야 할 부자가 있는데 그것은 바로 '걱정 부자'다.

다르게 보는 습관, 유머

그런데 대개 무슨 일이 터지면 사람들은 당황하기 마련이다. 그러나 그럴 때일수록 사물을 다르게 보는 습관을 길러야 한다. 다르게 보는 습관이란 다름이 아니라 바로 세상을 다르게 보는 '유머'를 갖는 것이다.

미국에서 가장 존경받는 대통령인 링컨에게는 이런 일이 있었다. 한 야당 의원이 의회에서 링컨을 두고 "두 얼굴을 가진 이중 인격자"라고 비난했다. 그러나 링컨은 흥분하지 않고 침착하게 말했다.

"내가 두 얼굴을 가졌다면 하필이면 왜 이 못난 얼굴을 들고 여기 나왔겠습니까?"

또 다른 일화가 있다. 하루는 링컨 대통령이 백악관에서 구두를 닦고 있었다. 마침 링컨 대통령의 초대를 받고 백악관을 방문한 친구가 이를 보고 깜짝 놀라며 물었다.

"미국 대통령이 자신의 구두를 닦다니 이게 말이 되는가?"

그러자 링컨은 친구보다 더 깜짝 놀란 표정으로 친구에게 되물었다.

"아니, 그러면 미국의 대통령이 남의 구두를 닦아주어야 한단 말인가?" 촌철살인 같은 이러한 유머는 삶을 보는 관점을 달리하는 데서 나오는 여유다.

재미있는 유머를 하나 더 소개하겠다. 중학교 교과서에 실린 유머다. 유엔에서 세계 공용어를 선정하려고 세상에서 가장 많이 쓰이는 말을 조사했다. 3위는 영어로, 6억 명이 쓰고 있었다. 2위는 중국어로, 18억 명이 쓰고 있었다. 그런데 중국말보다 더 많이 쓰이는 말이 있었다. 그것은 무엇이었을까? "혹시 러시아어 아닌가요?"라고 대답하는 이들도 있을 것이다. 그러나 답은 바로 '거짓말'이다. 지구상의 60억 명 인류가 매일 쓰고 있는 말이기 때문이다. 그렇다면 살아가면서 유머 감각을 키우려면 어떤 노하우가 필요할까? 필자는 이런 노하우를 '유머력'이라고 말한다.

나만의 유머력을 키워라

'유머력'을 키우려면 'PDA'를 장만해야 한다. 여기서 PDA는 우리가 쓰는 디지털 기기를 말하는 것이 아니다. 필자가 말하는

PDA란 습관이다. 즉 'Positive Different Another' 이다. 이는 긍정적으로 다르게 뒤집어 보는 습관을 뜻한다.

1. 'Positive' : 즉 긍정적으로 보라

화엄경에 "일체유심조(一切唯心造)"라는 말이 나온다. 모든 일은 마음먹기에 달려 있다는 뜻이다. 어떤 상황에서도 긍정의 마인드로 바라보면 답을 찾을 수 있다.

그는 백과사전 외판원이었다. 하루는 연탄가게 앞에서 바쁘게 연탄을 나르고 있는 한 남성을 만났다. 그가 말을 붙였다.

"사장님 계세요?"

얼굴에 검은 석탄 가루를 묻힌 남자가 답했다.

"제가 사장입니다."

사장과 직원의 구분이 없을 정도로 작고 허름한 가게였다. 연탄 몇 장을 함께 나르던 그가 다시 말을 건넸다.

"혹시 집에 백과사전 필요하지 않으세요?"

가격을 들은 주인은 기겁하며 손을 내저었다.

하지만 그는 가게 주인의 말 속에 녹아 있는 마음을 읽으려 했다. 자녀들이 자기와 다른 삶을 살기 원하는 부정(父情)을 느낄 수 있었다. 설득이 이어졌다.

"지금 이렇게 고생하시는 것도 전부 자식을 위해서 아닙니까? 자녀분들이 가게를 물려받아 평생 연탄을 나른다고 생각해보세요. 그렇게 안 되려면 아이들이 많이 배워야 합니다. 하고 싶은 일을 하면서 살게 해야죠."

결국 계약서 위로 연탄재 묻은 주인의 손이 올라갔다. 이 외판원은 지금 큰 그룹을 운영하고 있는 재벌 총수가 되어 있다.

-《조선일보》에서 발췌

2. 'Different' : 즉 다르게 보라

독일의 재상 비스마르크가 어느 날 친구와 사냥을 나갔다. 그런데 친구가 그만 실수로 늪에 빠지게 되었다. 비스마르크가 총을 내밀어도 길이가 닿지 않는 데다 설상가상으로 친구는 움직일 때마다 점점 늪 속으로 빠져들고 있었다. 그야말로 위기 상황이었다. 만약 당신이 이런 상황에 처한다면 어떻게 하겠는가? 과연 비스마르크는 어떻게 했을까?

비스마르크는 총알을 장전해 친구에게 총을 겨누었다.

"어쩔 수 없군. 자네의 고통을 덜어주는 것밖에는 방법이 없겠네."

깜짝 놀란 친구는 총을 피해 이리저리 안간힘을 쓰며 몸을 움직였고, 그러다 보니 늪 가장자리로 빠져나올 수 있었다. 겨우 늪에서 빠져나온 친구는 왜 자기에게 총을 겨누었냐고 따졌다. 그러자 비스마르크는 이렇게 말했다.

"난 자네에게 총을 겨눈 게 아니네. 바로 좌절하고 체념하는 자네의 나약함에 총을 겨눈 거라네."

3. 'Another' : 즉 뒤집어 보라

시골에 있는 한 초등학교 수업시간에 있었던 일이다. 경칩이 지난 계절에 선생님이 "얼음이 녹으면 어떻게 되지요?"라고 칠판에 적고 아이들에게 질문했다. 이런 질문을 받으면 대개 성인들은 '물'이라고 대답한다. 그런데 한 아이가 이렇게 대답했다.

"봄이 옵니다."

바로 창조경영의 대가인 이어령 박사의 이야기다.

유머는 세상을 밝게 만드는 가로등과 같다. 비즈니스를 할 때 이 유머라는 등불을 밝혀보자. 텁텁한 일상에 유머를 슬쩍 올려보자. 세상이 함께 웃을 것이다.

최고의 이야기꾼이 되려면

- 국민일보 '겨자씨' 를 읽어라.

- 내 이야기를 하지 말고 사례를 들어라.

- 숫자와 데이터로 말하라.

- 길거리 지식을 쌓아라.

- 유머력을 키워라.

7 _ 인(人) : 사람 공부를 하라

다음 글은 《이창준의 재미있는 사람읽기》에서 발췌한 내용을 재구성한 것이다. 비즈니스를 하면서 가장 어려운 대목은 상대가 어떤 사람이냐는 것이다. 열 길 물 속을 알아도 한 길 사람 속은 모른다는 말처럼, 사람을 처음 보고 판단하기란 여간 어려운 일이 아니다. 그렇다고 그것이 무조건 불가능한 것은 아니다.

행동을 자세히 관찰하라

대개 사람을 만나고 그 사람을 읽어내는 데 하나의 단서가 제공된다. 바로 그 사람의 행동이다. 그 사람의 행동 안에 그 사람만이 걸어온 길과 외형적인 특성, 일정한 패턴, 나아가 습관 등이 자리하고 있다. 가령 목소리가 크다든지, 악수를 할 때 손을 마구 흔든다든지, 목소리가 작다든지, 아니면 겸손한 행동을 한다든지, 말을 할 때 얼굴이 붉어진다든지, 말을 빨리 한다는 등의 행동을 관찰하면 상대의 스타일을 읽어낼 수 있다.

사람의 행동에 사람을 읽어낼 수 있는 일종의 단서가 들어 있다는 것이다. 사람의 행동을 보고 사람의 유형, 즉 스타일을 읽어내는 기법 중 가장 많이 사용되는 것이 'DISC' 이론이다.

사람을 읽어낼 수 있는 DISC 이론이란

사람을 읽어내는 데는 두 가지 질문이 필요하다. "직접적인가, 간접적인가?" 그리고 "개방적인가, 폐쇄적인가?"라는 질문이다. 이 네 가지 요소로 사람의 스타일을 짐작해낼 수 있는데, 이것이 바로 DISC 이론이다.

● 직접적인 사람의 특징

_ 말과 행동이 빠르다.

_ 목소리가 크고 억양 변화가 많다.

_ 듣거나 묻기보다는 말하는 편이다.

_ 경쟁적, 지배적이다.

_ 많은 제스처를 사용한다.

_ 자발적이고 의사결정이 빠르다.

_ 언제든지 의견을 말한다.

_ 악수를 힘 있게 한다.

_ 눈맞춤을 지속적으로 한다.

● 간접적인 사람의 특징

_ 말과 행동이 느리다.

_ 목소리가 작고 단조롭고 부드럽다.

_ 말하기보다는 묻거나 듣는 편이다.

_ 침착하게 행동한다.

_ 제스처를 잘 사용하지 않는다.

_ 소극적이며 의사결정을 미룬다.

_ 생각, 의견을 자제한다.

_ 악수를 부드럽게 한다.

_ 눈맞춤을 간헐적으로 한다.

● 개방적인 사람의 특징

_ 따뜻하고 편안한 느낌을 준다.

_ 감정을 자유롭게 드러내고 공감한다.

_ 감정에 기초한 의사결정을 내린다.

_ 대화가 주제에서 벗어나곤 한다.

_ 신체적 접촉을 하거나 수용한다.

_ 타인의 시간 사용에 대해 관대하다.

_ 사람에 우선순위를 둔다.

● 폐쇄적인 사람의 특징

_ 차갑고 사무적인 느낌을 준다.

_ 표정이 많지 않다.

_ 감정 노출, 공유를 꺼린다.

_ 사실에 기초한 의사결정을 한다.

_ 대화 중에는 주제에 집중을 한다.

_ 신체적 접촉을 피하거나 적게 한다.

_ 타인의 시간 사용에 대해 엄격하다.

_ 일에 우선순위를 둔다.

(그림1)   (그림2)

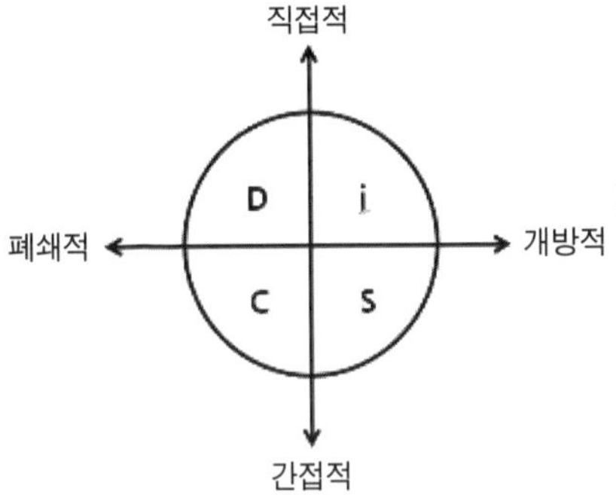

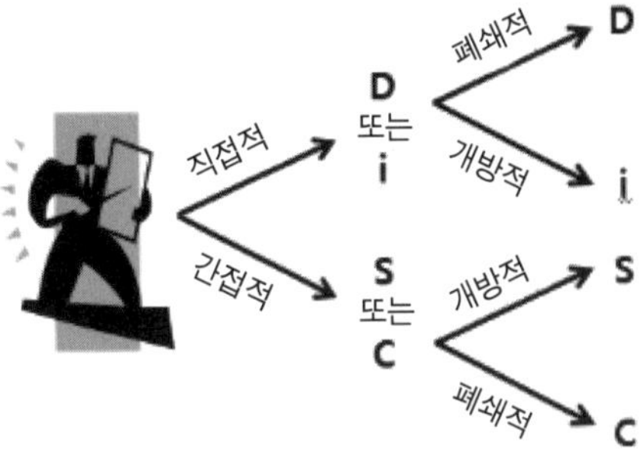

직접적

D   i

폐쇄적 ←   → 개방적

C   S

간접적

직접적 D 또는 i 폐쇄적 → D / 개방적 → i

간접적 S 또는 C 개방적 → S / 폐쇄적 → C

그림 1의 행동 유형 메트릭스를 보자. 상대가 직접적인지, 간접적인지 그리고 개방적인지, 폐쇄적인지를 구분할 수 있다면 다음과 같은 사실을 알 수 있다.

· 직접적인 사람은 D 또는 I형이다.

· 간접적인 사람은 S형 또는 C형이다.

· 개방적인 사람은 I형 혹은 S형이다.

· 폐쇄적인 사람은 D형 혹은 C형이다.

그러므로 당신이 만나는 상대가 직접적이며 폐쇄적인 사람이라면 D형(주도형)이라 할 수 있고, 직접적이며 개방적인 사람이라면 I형(표출형), 간접적이면서 개방적인 사람은 S형(우호형), 간접적이면서 폐쇄적인 사람은 C형(사고형)이다.

이런 내용을 기초로 하여 상대의 유형을 판별하는 과정은 다음과 같다.

1. 먼저 상대의 행동을 관찰하라.

2. 그 사람이 직접적인지, 간접적인지 구분하라.

3. 그 사람이 직접적인 사람이라면 D형 혹은 I형이다.

4. 여기서 그 사람이 D형인지 I형인지 구분하기 위해서 그 사람이 개방적인지 폐쇄적인지 관찰하라.

5. 만일 개방적이라면 I형이고, 폐쇄적인 사람이라면 D형이다.

6. 지금까지 해온 방식으로 그 사람이 간접적인 사람이라면 S형 혹은 C형이다.

7. 이때 S형인지 C형인지 확인하기 위해서 개방적인지 폐쇄적인지
   관찰하라.

8. 개방적이라면 S형이고, 폐쇄적이라면 C형이다.

그렇다면 판독을 잘하기 위해서는 어떻게 해야 할까? 우선 상대가 대화를 주도하게 해야 한다. 그래야 관찰할 기회가 많아진다. 그리고 상대의 보디랭귀지에 주목한다. 그러나 최초의 판단은 참고만 해야 한다. 행동은 단지 그 사람을 이해하는 자료가 될 뿐이다. 상대에게 편견을 가져서는 안 된다.

사람을 읽는 연습 1

이제 본격적으로 사람을 읽는 연습을 해보자. 어떤 사람이 당신을 잘 안다고 하면서 당신과 만나기를 희망한다. 당신은 그와 약속을 하고 그의 사무실을 방문했다. 당신은 약속한 시간보다 10분 정도 일찍 도착해 그의 사무실을 노크했다. 그는 걸어 나오며 다소 딱딱하고 굳은 표정으로 당신 앞에 선다. 옷차림은 매우 단정하고 품위가 있어 보인다. 그의 첫마디는 이렇다.

"오셨습니까? 일찍 오셨군요. 들어오시죠. 여기에 앉으시겠습니까?"

그리고 곧바로 당신을 사무실 한쪽 소파로 안내한다. 그의 사무실은 책상, 의자, 소파 정도가 전부이고 대체로 가지런히 잘 정돈되어 있다. 당신을 대하는 그의 첫 태도는 공손하기는 하지만 표정의 변화는 그다지 많지 않다.

그는 당신을 자리로 안내한 뒤 곧이어 이렇게 말한다.

"잠시만 기다려주십시오. 제가 하던 일이 덜 끝났거든요."

그리고 그는 자기 자리로 가버린다. 당신이 사무실을 두리번거리며 10분쯤 보낸 후 그는 원래 약속한 시간을 확인이라도 하듯 벽에 걸린 시계를 바라보더니 하던 일을 정리하기 시작한다. 그리고 책상 서랍에서 서류를 하나 꺼내 들고 와서 당신과 마주 앉는다. 그러고는 곧바로 서류를 펼치며 이렇게 말을 시작한다.

"제가 오늘 선생님을 뵙자고 한 것은……."

그는 공식적이며 별다른 감정 표현이 없다. 이따금 구체적인 사실을 설명하고는 빠르게 이야기를 종결짓는다. 그리고 대뜸 자신의 제안에 대한 당신의 의견을 묻는다.

자, 그는 어떤 유형이라고 생각되는가?

사람을 읽는 연습 2

당신은 어떤 세미나에 참석하기로 되어 있다. 세미나는 10시정각에 시작한다. 당신은 9시 40분경에 도착했다. 당신이 와보니 이미 한 사람이 자리에 앉아 있다.

그의 책상에는 교재와 필기도구가 가지런히 놓여 있다. 당신이 다가가도 아무런 말을 하지 않는다. 당신이 먼저 자신을 소개하고 손을 내밀자 그제서야 조용히 손을 잡고는 간단히 응답한다. 그러고는 아주 무심한 표정으로 앉아 있다.

몇 가지 질문을 던졌지만 공손히 아주 짤막하게 대답한다. 별다른 말이나 표정은 없다.

5분 정도 지나자 몇몇 사람들이 세미나장으로 들어온다. 그중 한 사람이 당신에게 조심스럽게 묻는다.

"저, 여기가 ○○하는 세미나 장소 맞습니까?"

그렇다고 말하자 그는 조용히 자리에 앉는다. 그리고 주위 사람들과 몇 마디 이야기를 나눈다. 그는 다른 사람의 이야기를 주의 깊게 듣는다. 그러고는 오늘 학습할 교육 내용에 대해 약간 걱정이 된다는 말을 한다. 그는 사람들에 대해 적대감이 없어 보인다.

이때 또 다른 사람이 재빠르게 교실로 들어서며 다소 크고 밝은 목소리로 당신에게 묻는다.

"안녕하세요? 여기가 세미나 장소 맞죠?"

그렇다고 하자 곧바로 "커피 드셨어요?" 하고 묻는다. 괜찮다고 말하자 그는 커피 한잔 타가지고 오며 "도대체 아침에 커피를 마시지 않으면 머리가 돌지 않는다니까"라고 말한다. 그는 곧바로 다른 사람의 이야기에 끼어들어 지난번 참석했던 세미나에 별다른 준비 없이 참석했더니 무척 당황스러웠다는 이야기를 꺼낸다. 그의 목소리는 밝고 경쾌하다.

10시 5분 전, 사람들이 거의 자리를 메우고 나자 세미나 사회자가 들어선다. 그는 다소 형식적인 미소를 지으며 같이 따라 들어온 보조 진행자에게 몇 가지 상세한 지시를 한 후 시계를 바라보며 말한다.

"5분 남았군요. 간단히 말씀드리겠습니다."

그러고는 바로 이야기를 꺼낸다. 그의 이야기는 매우 단호하면서도 분명하다. 그리고 그는 더 상세한 이야기 없이 질문도 받지 않고 말을 끝낸다.

여기에 등장하는 사람들은 각각 어떤 유형의 사람들일까?

사람을 읽는 연습 3

당신은 선생님이다. 당신이 아이들에게 묻는다.

"여러분, 누가 신대륙을 발견했죠?"

이 질문과 동시에 태호가 큰소리로 제일 먼저 불쑥 대답한다.

"콜럼버스요."

당신이 말한다.

"먼저 손을 들어야지."

그러자 태호는 곧바로 "맞잖아요? "하며 신경질적으로 반문한다.

수민이는 당신의 질문이 떨어지기가 무섭게 손을 들고 이리저리 흔들며 당신의 주목을 받으려 한다. "그래, 말해볼래? "라고 당신이 묻자 수민이는 빙그레 웃으며 애교 있게 말한다.

"힌트 좀 주세요, 선생님."

당신은 다시 교실을 천천히 걸으며 정태에게 묻는다. 정태는 손을 자신 있게 들지 못한다. 비교적 작은 소리로 수줍어하며 정태가 말한다.

"저, 제 생각에는, 콜럼버스가 아닌가요? 책에서 봤거든요."

당신은 이 아이가 수줍음이 많은 아이라는 걸 알고 있다.

당신은 그 옆에 앉은 재철이에게 묻는다. 그러자 재철이가 천천히 말한다.

"선생님이 뭘 묻고 계신지 확실하지 않지만 신대륙을 발견한 사람은 콜럼버스입니다. 하지만 그 이전에 신대륙에는 인디언들이 살고 있었기 때문에…… 어떤 면에서는 인디언들이라고 할 수 있죠."

자, 이 아이들이 각각 어떤 행동 유형을 보이고 있는지 판단이 되는가?

사람이 모든 비즈니스의 시작이다

상대가 어떤 사람인지 파악하는 것은 비즈니스에서 가장 어려우면서도 기본이 되는 일이다. 사람 공부를 하지 않은 채 사람 대하는 일을 시작한다는 것은 어불성설이다. 사람을 한번 보고 어느 정도 판단을 내린 후 그에 맞는 접근법을 택할 수 있는 것은 오랜 세월의 경험이 쌓여야 가능한 일일 것이다. 그러나 연습에 연습을 거듭하다 보면 그 시간을 단축할 수 있다.

이제부터 만나는 사람들의 행동을 자세히 관찰해보자. 사람들은 천차만별의 행동을 보인다. 같은 상황에 대해서도 그에 반응하는 얼굴 표정, 손의 제스처, 반응속도는 모두 제각각이다. 그것을 자세히 관찰하고 'DISC' 행동 유형에 대입해보라.

비즈니스의 시작은 사람이고, 그 끝도 역시 사람이다. 사람을 읽어낼 줄 아는 사람은 어느 순간 리더의 자리에 서 있는 자신을 발견하게 될 것이다.

| 맺음말 |

    지금까지 고객을 내 사람으로 만드는 모든 방법들을 살펴보았다. 첫 만남에서 주는 첫인상에서부터 고객의 마음을 여는 방법, 고객과 신뢰를 쌓아가는 방법, 그리고 고객을 관리하여 그 고객 뒤의 미래 고객을 보는 방법까지 고객관리에 관한 모든 솔루션을 짚어보았다.

    이제 각자의 비즈니스 속에서 실천하는 일만 남았다.

    한 사람의 고객을 잃는 데는 10초밖에 걸리지 않는다고 했다. 사람을 대하는 태도가 생활 속 습관으로 굳어져야만 영원한 고객을 만들 수 있다는 얘기다.

    자신에게 어떤 습관이 있는지 돌아보라. 나는 상대에게 친밀감과 호감을 주는 사람인가? 나는 고객에게 말을 하기보다 고객의 이야기를 듣는 데 더 익숙한 사람인가? 나는 상대를 배려하는 태도를 지니고 있는가? 고객에 대한 태도는 내 마음속의 진정성으로 인해 저절로 생기는 것이기도 하지만, 우리는 그것이 몸에 익을 때까지 기다리고 있을 수만은 없다. 당장 내일도 고객 앞에 서야 하기 때문이다.

자기 자신을 돌아보고 먼저 장점과 단점을 죽 적어보자. 내가 무엇에 중점을 두고 고쳐나가야 하는지를 우선 알아야 한다. 나의 단점을 파악했다면 지금부터 만나는 모든 인간관계에서 그것을 개선해나가는 연습을 해보자.

그리고 열 명의 인맥이 아닌, 백 명의 고객을 꿈꾸자. 그리고 천 명의 고객을 품자. 우리가 꾸는 꿈의 크기대로 내 수첩 속 고객의 이름은 늘어날 것이다. 자기 자신을 믿어야 한다.

우리에게는 만나는 모든 사람이 잠재고객이다. 고객이 곧 꿈이

맺음말

고, 밥이고, 미래이다. 나는 진정 고객을 알고 있는지 자문해보라. 성공을 위해서는 우선 고객을 읽을 수 있어야 한다. 고객이 원하는 것은 무엇인가?

고객은 '노'라고 말하는 사람이다. 그러나 우리는 그런 고객에게서 '예스'를 이끌어내는 사람이다. 여기서 필요한 것이 바로 사람 공부다. 상대가 어떤 사람인지 파악하는 것이 인간관계의 기본이다. 사람을 알고 판단을 내린다는 것은 매우 어렵고도 오랜 시간이 걸리는 일이지만, 꾸준한 노력을 하는 사람은 조금 더 일찍 그 방법을 터득할 수 있다.

명심하라, 비즈니스의 시작은 사람이고, 그 끝도 역시 사람이다. 세상에서 가장 어려운 책이 바로 사람이라는 책이다. 사람을 읽어낼 수 있는 사람은 고객을 쫓아다니지 않고도, 많은 사람이 쫓아오는 사람이 될 수 있다. 그것이 바로 우리가 목표로 하는 지점이다.

사람을 이끌고 싶은 사람이라면 우선 자신에 대한 강한 믿음으로 무장할 필요가 있다. 스스로 자신을 최고의 브랜드로 만들어야 한다. 그러기 위해서 필요한 자기관리들에 대해서는 앞에서 충분히 이야기했다. 무엇보다 자기에 대한 강한 확신으로, '언제 어디서든 나는 하나의 브랜드로 움직인다' 라는 각오로 임해야 한다. 스스로를 브랜드로 만드는 사람은 절대 자기관리에 소홀할 수 없고, 고객은 그런 사람을 본능적으로 알아본다.

이제 상품을 파는 시대는 지났다. 지금은 당신 자신을 팔아야 하는 시대다. 물건은 이미 차고 넘치기 때문이다. 비즈니스 세계가 복잡해질수록 더욱 중요해지는 것이 바로 '인간' 이다. 이제 고객은 감동을 원한다.

당신의 휴먼 네트워킹에 당신의 성공 여부가 달려 있다. 전문적인 지식으로 무장하고 고객에게 진실 어린 도움과 긍정의 에너지를 전달해줄 때 고객은 저절로 끌려온다. 비즈니스 성공의 키워드가 바로 '인간' 임을 잊지 말자.

비즈니스 리더를 위한 20가지 명언

01 장작을 패는 데 쓸 수 있는 시간이 8시간이라면 나는 그중 6시간 동안 도끼날을 날카롭게 세울 것이다.

- 에이브러햄 링컨

02 상과 벌은 이성적인 피조물에게 유일한 동기(motive) 이다. 이것들이 모든 인류가 일을 하도록 다그치며 이끄는 박차와 굴레이다.

- 존 로크

03 삶의 방법 가운데 재미있는 사실이 하나 있다. 최상이 아닌 것들을 받아들이지 않고 거부할 경우, 당신은 거의 항상 최상의 것을 얻는다.

- 로빈 S. 샤르마

04 무엇보다 사람이 먼저다. 인정하고 존중하라. 그들은 열정으로 화답할 것이다.

- 제임스 데스페인, 《CEO가 된 청소부》

05 만약 어떤 사람이 별로 잘한 것도 없는데 갑자기 보상 받게 되면 미안함과 배려에 대한 감사함으로 인해 스

스로 새로운 차원의 행동과 업적을 올릴 수 있도록 자
극할 수 있다.

-앤서니 라빈스, 《네 안에 잠든 거인을 깨워라》

06 아직 일어나지 않았지만 있을 수 있는 환상적인 일에
대해서 생각을 집중하고, 그 느낌을 지금 경험할 수도
있다. 이것이 우리가 목표를 세울 때 얻을 수 있는 효
과이다.

-앤서니 라빈스, 《네 안에 잠든 거인을 깨워라》

07 수많은 디지털 걸작을 들여다보며 얻은 결론은 뛰어
난 감성이야말로 가장 전략적인 활동의 결과라는 것
입니다.

- 한나영, 얼리어답터 이사

08 성공과 실패는 종이 한 장 차이다. 즉 어떤 일을 가
장 정확한 방법으로 하는 것과 그와 비슷하게 하는
것이다.

- 에드워드 시몬즈

09 돈도 아니고 머리도 아니야. 성공의 비결은 자신감이란
다. 그런데 자신감을 가지려면 반드시 갖춰야 할 게 있
지. 충분히 준비할 것, 경험을 쌓을 것, 그리고 절대 포
기하지 말 것, 이 세 가지란다.

- 말로 토마스, 《나를 바꾼 그때 그 한마디 1》

10 질문은 인간 의식의 레이저와 같은 것이다. 그것은
우리가 집중해야 할 초점과 느낌, 그리고 행동을 결
정한다.

- 앤서니 라빈스, 《네 안에 잠든 거인을 깨워라》

11 복은 아끼되 인사는 아끼지 마라. 석복불석배(惜福不
惜拜).

- 김갑수

12 '사랑'은 동사다. '성공'도 동사다. '자기계발'은 진행
형이고, '열정'은 촉매다.

- 스티븐 코비

13 부산의 한 유명 양복점 사장은 옷을 잘 만들려면 먼저

사람 몸을 알아야 한다는 생각으로 동네 목욕탕에서 3
년 반 동안 때밀이 아르바이트를 했다고 한다.

- 천광암, 《풀의 저항, 재단사의 항변》

14 진정한 영업은 '고객 구매' 후 시작된다.

- 질 그리핀

15 행하는 자 이루고, 가는 자 닿는다.

- 이병철

16 내가 생각하는 이상적인 삶의 모습을 세세한 부분까지
그려보자. 현재 내 모습에서 내가 바라는 곳으로 가는
과정에 대해서는 걱정하지 말자. 지금은 우선 내가 생
각하는 완벽한 미래의 비전을 창조하는 데 집중하자.

- 브라이언 트레이시, 《성취심리》

17 우리에게 필요한 것은 바로 시스템이다. 배운 것을 통
합할 수 있는 시스템이 없다는 것은 전체를 보여주는
그림 없이 조각 맞추기 게임을 하는 것과 같다. 대부분
의 경우 시스템이 전혀 없는 것보다 좋지 않은 시스템

이라도 있는 것이 낫다. 중요한 것은 시스템을 배우고 난 다음에 자신이 원하는 결과를 얻을 때까지 꾸준하게 그 시스템을 적용해야 한다는 것이다.

- 브라이언 트레이시, 《성취심리》

18 스피드란 중요한 것에는 시간을 투자하고 중요하지 않은 것에 소비하는 시간을 제거하는 것이다.

- 톰 피터스

19 마른 우물에서 두레박 물을 퍼올릴 수 없다. 자기 안에 기쁨이 넘쳐야 남도 기쁘게 할 수 있다. 자기가 먼저 행복해야 남도 행복하게 할 수 있는 것이다.

- 《고도원의 아침편지》 중에서

20 어떤 일을 마음속에 그려보는 것은 그것을 성취할 수 있는 방법을 체계화시켜 준다.

- 스티븐 R. 코비